大地《だいち》黄金《おうごん》の開運術

人生を好転させる禅の教え

曹洞宗徳雄山建功寺住職
枡野俊明

ビジネス社

はじめに

仏教はものごとやできごとの見方、捉え方を説く〝哲学〟である、といっていいでしょう。ただし、その見方、捉え方に沿った「実践」を何より重んじるという点が、一般の哲学とは違っています。

その実践にあたるのが修行です。修行を積み重ねることによって、生き方を究めていこうとするのです。修行というと、ふつうの生活とはかけ離れたことのように思うかもしれませんね。しかし、そうではないのです。

行住坐臥《ぎょうじゅうざが》（日常の立ち居ふるまい）のすべてが修行である。それが禅の考え方です。言葉を換えれば、**日常の暮らしのなかでの発言の一つひとつ、行動の一つひとつが、禅を実践する〝場〟であるということです**。つまり、誰もが日常生活で禅を実践できる。そう、禅はとても身近なところにあるのです。

日常的に禅を実践するうえで大いにヒントになるのが、禅語や公案（問答）です。禅語や公案には、自分が置かれたさまざまな状況をどう捉えたらいいのか、そこでどう行動していったらいいのか、ということが端的に示されています。つまり、禅の智慧が凝縮されたものが、禅語や公案であるといえます。本書では随所で、それらを紹介しています。

日々の禅の実践がもたらすのは、仏教的には「悟り」です。これを身近に引き寄せていえば、穏やかな心、安らかな心、ということになると思います。不安や悩み、迷いや苦しみなどの「煩悩」から解き放たれた、一点のくもりもないまっさらな（清らかな）心、といってもいいですね。

わたしたちの誰もがその心をもって生まれてくるのです。しかし、成長するにしたがって、いろいろな経験をへるなかで、煩悩をまとってしまう。その煩悩を一つずつ剥がしていく、捨てていくのが、まさしく、禅の実践なのです。

煩悩から離れたまっさらな心は、もっとも幸福に満たされた心であり、幸運を引き寄せるパワーにあふれた心でもある、といっていいでしょう。

たとえば、欲は煩悩の最たるものですが、それが心を占めると、幸せは遠のくばかりとなります。なぜなら、欲には際限がありませんから、いつも「もっと欲しい」という思いに苛まれることになります。すなわち、心が欲に縛られる、欲に振り回されるのです。そのような状態にある心が、幸福であるはずがありませんし、そこに幸運が宿るわけもないのです。

今日、新型コロナウイルスのパンデミックによって、世の中が大きく変わりました。その変化のなかで、それまで想像もしなかった課題、問題に直面している方も少なくないでしょう。

不安や悩み、心配事が心を覆っているかもしれません。そんなときだからこそ、禅に目を向けていただきたいのです。禅はどんな難局にあっても、やるべきことを示してくれます。それを乗り越えていく心の在り様、持ち方を教えてくれます。

不運としか思えない状況を幸運に転じる。禅の考え方、つまり、〝禅発想〟の真骨頂は、じつはそこにあるのです。

世の中の変化はしばらくの間つづくことになるのでしょう。しかし、大丈夫。本書のどこからでもいいですから、一つずつ実践していってください。それは禅の心で生きること、禅の智慧を体現することにほかなりません。

さあ、みなさん、禅とともに、一日をよき日に、一年をよい年に、していこうではありませんか。

合掌

令和二年一一月吉日　徳雄山建功寺方丈にて　枡野俊明

大地《だいち》黄金《おうごん》の開運術　人生を好転させる禅の教え　目次

第一章　仏様のお力で開運する

第二章

すべての運は、人の縁が運ぶ

第三章 平常心で努力をつづける

第四章

お金が生きる使い方をする

第五章

明るい未来を信じる

第一章

仏様のお力で開運する

開運は神様にお願いするものと思っていませんか。

まずはその意識を捨ててください。

仏様に開運をお願いしても、まったくおかしくないのです。

仏様の導きで幸運を手にする

お願い事の土台は「感謝」

日本にある年中行事の〝一番手〟は初詣でしょう。コロナ禍によって今後その様相は変化すると思われますが、新しい年のはじめに神社やお寺に赴いて参拝する、という古来の伝統は、必ず、受け継がれていきます。

初詣も、いまは神社派と寺院派に分かれているようですが、かつては神社とお寺の両方にもうでるのが一般的でした。年が明けたら近くの氏神さまにお参りし、その後、菩提寺に向かって、本堂に祀られているご本尊様と、ご先祖様たちが眠っているお墓の前で、新年のご挨拶をするのが習いだったのです。

「お蔭様で無事に新しい年を迎えることができました。ありがとうございます。今年もどうぞよろしくお願いいたします」

誰もがそこから一年のスタートを切ったわけです。年初にはいろいろ思うことがあるはずです。健康、仕事、家族……。そのどれもがいい方向に開けていくことをみんな願うのでしょう。

開運についていえば、それは神様にお願いするもの、というイメージがどこかにありませんか。仏様に願うというイメージは薄いのではないかと思うのです。「困ったときの神（様）頼み」という表現はあっても、「仏（様）頼み」という言い方はしませんね。

困ったときに救ってくださるのは神様である。窮状から開運に導いてくださるのは神様である、という意識が日本人には潜在的にあるのかもしれません。

まず、その意識を払拭してください。**開運を仏様にお願いしても、いっこうにかまわないのです。**実際、仏教の各宗派では「心願成就」「病気平癒」「家内安全」……などを願った、祈祷や護摩行《ごまぎょう》（護摩を焚いておこなう祈祷《きとう》）をおこなっています。

また、日本には「厄年」という考え方があります。厄災が降りかかりやすい年齢をそう呼ぶのですが、厄年には神社やお寺で「厄除け」をしてもらう習慣があり、正月にこれをおこなう方も多いようです。

厄年は数え年の年齢で、男性は四一歳（前厄）、四二歳（本厄）、四三歳（後厄）が、女性では三二歳、三三歳、三四歳が、それにあたります。

なお、厄年はこの歳だけではなく、男性は二〇代（二四、二五、二六）と五〇～六〇代（六〇、六一、六二）に、女性は一〇代（一八、一九、二〇）と五〇～六〇代（六〇、六一、六二）に、それを迎えるとされます（他の年齢も厄年とみなす説もあります）。

厄年は男女ともに身体的な変換点で、その変化にともなって精神的にも負担がかかり、病気や思わぬケガにみまわれやすい、とされるのです。男性は四〇代に入ると体力も低下傾向に入り、二〇代、三〇代のように無理がきかなくなりますし、女性の三〇代は結婚や出産などで、身心に変化が起きることにもなります。

そうした変化に対する注意を喚起し、併せて災厄を祓ってもらうのが、厄除けの意味です。

さて、話を開運に戻しましょう。**わたしは仏様に開運をお願いするうえで、不可欠な条件が一つある、と考えています。**

「常に感謝の心をもっている」ことがそれです。

ここで、禅では命をどのように捉えているかについてお話ししましょう。命はご先祖様（仏様）が脈々と受け継いできてくれた結果として、いま、自分のものとして、そこにある。これが禅の命についての捉え方、考え方です。

あなたには両親がいます。その両親にもそれぞれ両親がいる。そのようにして一〇代さかのぼれば一〇〇〇人以上、二〇代さかのぼると一〇〇万人を超えるご先祖様たちがいるのです。

そのうち一人でも欠けていたら、いま、そこに、あなたの命はありません。けっして大袈裟ではなく、ご先祖様たちとの〝奇跡的〟なご縁の連なりによって、わたしたちは命をいただいています。

「報恩感謝《ほうおんかんしゃ》」

これは仏教の言葉で、ご先祖様からいただいている恩に気づき、感謝するとともに、その恩に報いていくような生き方をしなさい、という意味です。生きるうえでの基本がこれである、とわたしは思っています。

生きる基本は、また、開運を願う土台でもあることは、いうまでもありませんね。まず、そのことをしっかり心にとめておいてください。

朝、ご先祖様に感謝を伝える

いいことを引き寄せる朝の習慣

ご先祖様への感謝は、日々おこなって、ぜひ、習慣にしていただきたいと思います。わたしは毎朝、次のようなかたちで実践しています。

起床は午前四時半です。身だしなみを整えて、洗面をすませたら、各部屋の窓をすべて開けて新鮮な空気を取り込みます。それから、寺の門を開け、その足で歴代の住職の墓地にお参りに行きます。その際は、ご開山様をはじめとする歴代住職方の名前をあげ、

「おはようございます。今日も無事に目覚めることができました。ありがとうござい

ます。一日何ごともなく過ごせますように、どうぞ、お見守りください」

と心で語りかけます。いわば、それがご先祖様たちへのわたしの感謝の伝え方です。国内外の出張などで寺を留守にするとき以外、この一連の流れの行動を欠かすことはありません。

ご先祖様に向き合うときに、いちばん大切なのは、「素」の自分になることでしょう。短い禅語があります。

「露《ろ》」

文字どおり、どこにも包み隠すところがなく、すべてがあらわになっている、ということです。まさに素の自分ですね。

人は誰でも、社会的な地位や肩書きをもっていますし、地域や家庭のなかでの役割といったものもあるでしょう。ご先祖様の前に立つときは、それらを一切合切下ろし、〝露〟になってください。

別の言い方をすれば、雑念を捨てて心を空っぽにする、といっていいかもしれません。それでこそ、感謝の気持ちがまるごと伝わるのです。そして、ご先祖様の存在を感じられる。禅語をもう一つ紹介しましょう。

「如在《にょざい》」

おわすがごとく、という意味です。実際はすでに彼岸に旅立ってしまって、その場にはおられないのだが、まるでおられるかのようにその存在を感じる、ということです。露になることで、そして、感謝を伝えることで、ご先祖様をそのような存在として感じることができるのです。

わたしの朝のこの時間は、とても大きな意味があると思っています。**感謝の心から一日を始めることができるからです。**あなたが人に感謝しているときのこと、あるいは、何かに感謝をしているときのことを思い返してみてください。

その心は清々しいものではありませんか。とらわれるものがなく、自由ではないでしょうか。それが大事なのです。

一日を始めるうえで、それ以上にふさわしい心はありません。

一日をそうした清々しい気分で始められたら、**仕事にもしなやかに、集中して取り組めますし、人ともさわやかに対応できるでしょう。すべてが好転していきます。い**

いことを引き寄せるパワーが生まれる、といってもいいですね。

心に嫌なことがわだかまっていたり、難しい問題が引っかかっていたりしたら、その一日はまるで違ったものになるはずです。仕事にも集中を欠き、人との対応も〝心ここにあらず〟になったりする。

ご先祖様に感謝を伝えることで、毎朝、心をリセットしましょう。それを朝のルーティンにしてください。

自宅に御仏壇があれば、お線香をあげ、その前で手を合わせて、感謝を伝えるのがいちばんいいのですが、いまは御仏壇がない家庭も多いのではないかと想像します。その場合は部屋のどこかにコーナーをつくってはいかがでしょうか。

小さな机でも用意して、上にお寺や神社でいただいてきた「お札」を置く。ご先祖様や両親の写真でもいいでしょう。そして、毎朝、その前にすわって、淹れ立てのお茶を差し上げ、手を合わせて感謝をするのです。

これだけでも朝がめざましく変わります。それは、幸運を引き寄せる心に、そのままつながっています。

仏様のご加護を受けとる

人知を超えた大いなる「力」を信じよう

運というものはたしかにあるのかもしれません。あなたにも、「あのときは運がよかった」「すっかり運に見放されてしまった」と感じた経験が、一度や二度はあるのではないでしょうか。

運について、わたしはこんなふうに考えています。

わたしが住職をつとめる寺（建功寺：神奈川県横浜市）では、六年がかりで本堂の再建をおこなっています。現在、完成間近という段階ですが、もし、工事開始を計画したのが今年（二〇二〇年）であったら、おそらく着工は見送らざるを得なかったでしょう。いうまでもなく、新型コロナウイルスの影響です。人の動きが制限され、経済的なダメージもどこまでふくらむか予測がつかない。そんなコロナ禍の現状を思えば、計画そのものの見直しも余儀なくされたでしょうし、わたしの代では再建断念の決断を下さざるを得なかったかもしれません。

「あのときスタートしておいてよかった」

というのが実感です。六年前に着工したことが、結果としてよかったことはたしかです。運がよかったという言い方もできるでしょう。

仏教では、こうしたことを「仏様のご加護があった」「(本堂の再建計画を)仏様が守ってくださった」と受けとります。

ご加護をもたらすものは何か。それを一般的な言葉で表現するなら、人知を超えた大いなる力、ということになるでしょうか。わたしのケースでは、その力がはたらいて、いい結果に結びついたわけです。

二〇一一年三月一一日に発生した東日本大震災の記憶は、みなさんの脳裏にも深く刻まれていると思います。あの地震と津波によって、たくさんの命が失われました。

しかし、一方、救われた命もあった。

生死が紙一重であったことは明らかでしょう。不条理を思わずにはいられませんが、救われた命の背後には、やはり、大いなる力のはたらきがあったのではないか、という気がするのです。

たしかなことは、大いなる力の前では人は〝無力〟だということです。人間がどうこうできるものではありません。できるのは信じることだけでしょう。その力がはたらくかどうかは、まさに「仏のみぞ知る」ところです。

しかし、**そうした大いなる力のあることを信じ、それに対して無力であることをしっかり認識すると、謙虚さが生まれます**。たとえば、震災、津波に遭いながら命を救われたとき、自分の力で生き残ったと思うのではなく、生かしていただいたと受けとめることができる。それが謙虚さです。

仕事では、絶体絶命の状況から起死回生の逆転劇で、成功をおさめることがあるかもしれません。その場合も、謙虚であれば、自分の実力が状況を逆転させたのだと考えるのではなく、自分の力がおよばない「何か」がはたらいてくれたことによって、成功させていただいたのだ、と考えられるのではないでしょうか。

こんな言葉があります。

「満招損　謙受益　時乃天道（まんはそんをまねき　けんはえきをうく　これすなわちてんのみちなり）」

中国古典の『書経《しょきょう》』にあるものですが、その意味は、驕《おご》っていては損を招くことになり、謙虚であれば益を受けることになる。これが、すなわち、天の道理なのである、ということです。

謙虚であることは、道理を踏まえること、真理に沿うことだということです。仏教はまさしく、真理に沿って生きることを説く教えです。その意味で、仏様のご加護の掌《たなごころ》は謙虚さのうえにかざされる、といえるでしょう。

「試練」は必ず乗り越えられる

ピンチをチャンスに変える禅の発想

生きている間に人はさまざまな状況に置かれます。心地よい状況もあれば、そこにいるのがつらい、苦しい、という状況もあるでしょう。人生全体を見通せば、後者のほうがはるかに多いのかもしれません。

しかも、やっかいなのはつらい状況、つまり、逆境で人は真価を問われることかもしれません。へこんだり、嘆いたり、落ち込んだり、している〝ひま〟はないのです。

問題は逆境をどう捉えるかです。

「こんな難問を抱え込むことになってしまって、どうして自分だけ〝不運〟にみまわれなければいけないのだ」

こう考えたら、そこから一歩も前に進めません。心が縮こまってしまって、動き出すエネルギーが湧かないからです。ピンチの前で立ちすくむ、ピンチに呑み込まれてしまうという状態がこれです。

こんなときは、発想の転換が必要です。逆境を「試練」と捉えるというのがそれ。わたしは禅僧ですから、つらい状況、厳しい局面に立たされたとき、いつもこう考えます。

「これは仏様が与えてくださった試練なのだ。乗り越えたら、きっと、自分が成長できる。よし、なんとしても乗り越えよう」

逆境を、自分が成長するための試練と受けとめたら、ピンチをチャンスに転じることができる。これは禅の考え方そのものです。乗り越えた先には一皮剥けた自分がいる。そう思えば、心が前向きになって、元気、勇気、やる気が湧き上がってくる。そう思いませんか。

畑違いで恐縮ですが、聖書にはこんな言葉があるようです。

「神は乗り越えられない試練は与えない」

これを逆に読めば、与えられた試練は、必ず乗り越えられる、ということでしょう。

どんな状況にあっても、〝目の前の〟〝やるべきこと〟はあるはずです。そのことを精いっぱいやっていく。試練を乗り越えるための唯一の方法がそれです。

わたしは禅の修行中にそのことを身をもって実感しました。禅の修行が厳しいものであることは、ご存知の方もおられるでしょう。しかし、現実のそれは想像をはるかに超えます。

修行僧のことを「雲水《うんすい》」と呼びますが、どの雲水も修行道場に入門する前は、ふつうの人と同じ生活をしているわけです。しかし、道場に一歩足を踏み入れたとたんに、生活は一八〇度変わります。

満足に食べられない、自由な行動ができない、緊張でロクに眠ることができない……。とにかく〝ないない尽くし〟の生活なのです。坐禅一つをとっても、慣れるまでは足の痛み、痺れとの闘いですし、食事も質量ともに質素（粗末？）ですから、一日中ひもじさに苛《さいな》まれます。

逆境のきわみ、苦境の最たるもの、そうした暮らしがそこにある、といってもけして過言ではありません。実際、逃げ出す雲水もいるのです。わたしの同期は七四人いたのですが、最後まで残ったのは五九人。一五人は耐えられずに〝逃散《ちょうさん》〟したのです。

なんとかがんばれたのは、同じように耐えている同期の雲水仲間がいたから、修行をくぐり抜けてきた先輩方がいたからです。その存在に励まされなかったら、逃散組になっていたと思います。

そんななかで気づいたのが、**目の前のやるべきことを、ただ、ひたすら、精いっぱいにやるしかないということでした。**慣れない坐禅に、慣れないなりに、精いっぱい取り組む。掃除などの作務（日常作業）に自分の全力を尽くす。拙い読経も精いっぱい声を出す……。

そうしているうちに、坐禅も、作務も、読経も、身についてくるのです。つらさ、苦しさがなくなって、当たり前にできるようになる。自然に試練を乗り越えている自分と出会うことができるのです。

大丈夫、試練は乗り越えることができます。キーワードは、もう、いうまでもありませんね。そう、「精いっぱい」です！

その日、その日に〝感謝〟を探す

どんな経験からも学ぶことはある

一日が終わって眠りにつく前に、ぜひ、やっていただきたいことがあります。**その日一日のことを思い返してみて、感謝の気持ちが湧いた「できごと」「場面」を探すのです。**

小さなことでかまいません。たとえば、会社の同僚が、

「このところずっと遅くまで仕事をしているけれど、身体は大丈夫？　十分に気をつけてね」

と労《ねぎら》いの言葉をかけてくれた。エレベーターを下りるとき、「開」ボタンを押しつ

づけてくれた人がいた。食事をしたお店の店員さんの対応がとても心のこもったもので、うれしくなった……。

どれも感謝に値します。もっと感謝の範囲を広げたら、こんなことも感謝の対象になるのではないでしょうか。

電車やバスでお年寄りに席を譲ったら、素敵な笑顔の「ありがとうございます」が返ってきた。感謝をしてくれたのはお年寄りですが、その笑顔と感謝の言葉は、こちらを幸せな気分にしてくれたはずです。そこから、〝席を譲らせていただけて、ありがたいなぁ〟という（感謝の）気持ちまでは「すぐ」ではありませんか。

甦《よみがえ》ってきたできごとや場面の数々。感謝の言葉はその場で伝えていると思いますが、ここであらためて感謝の気持ちで心を満たしてみましょう。感謝でいっぱいになっている心は穏やかそのものですし、幸せを感じています。

「いろんな日があるわけだから、嫌な思いをさせられたことが残っていて、感謝できることが見つからない、という日もあるんじゃない？」

たしかにそうかもしれません。その日会った人に横柄な態度をとられたり、高飛車なものの言い方をされたりしたら、そのときの嫌な気分がずっとつづくこともありそうです。

しかし、禅的にはこう考えるのです。**嫌な思いをしたことからも学ぶことはある。**

たとえば、横柄な態度が嫌だと感じたら、

「あんな態度は人を嫌な気分にさせるのだから、自分はどんなときも、誰に対しても、絶対にああいう態度はとらない」

と心に決めるのです。これで、横柄な態度を反面教師にして、学ぶことになります。高飛車なものの言い方も反面教師にすれば、そんなものの言い方をしない自分になることを学べるわけです。

そうであったら、学ばせてくれたその相手にだって、感謝の気持ちを向けることができるのではないでしょうか。

こんな禅語があります。

「日日是好日《にちにちこれこうにち》」

その意味するところは、毎日が好日、つまり、いい日である、ということではありません。いいこと、楽しいことがあった日もあれば、嫌なこと、つらいことがあった日もあるでしょう。

しかし、どんなことも、人生のその日に、自分だけができた経験、自分でなければできなかった経験なのです。そのことに気づいたら、経験のどれもが、かけがえのないものだと受けとめられないでしょうか。

かけがえのない経験は、自分にとって、自分の人生にとって大切なものです。それをもたらしてくれる一日、一日は、どれもが〝好日〟と呼ぶにふさわしいのである、と禅語はいっています。

その好日のなかに、感謝はいくつも見つかるでしょう。さあ、たくさん見つけて、心穏やかに、幸福な眠りについてください。

他人の目は気にしなくていい

天の道にかなった生き方をする

わたしたちはたくさんの人とのかかわりのなかで生きています。そこで、自分とかかわっている人が自分をどう見ているか、周囲に自分はどのように映っているか、といったことが気になったりするのです。

もちろん、周囲の視線を、自分を律する一つの基準とするのであればいいのです。

たとえば、発言をする際に、

「こんな言い方をすると、嫌な思いをする人はいないだろうか？」

と周囲を気遣う。あるいは、何か行動をしようとするときに、

「この行動は独りよがり過ぎるのではないかしら？」

と周囲の受けとり方を慮《おもんぱか》る。これらは大人としての「わきまえ」でしょう。人間関係を円滑に保っていくには、そうしたわきまえや嗜《たしな》みが必要だと思います。

しかし、別の意識の仕方もありそうです。周囲に映る自分をよく見せようとするのがそれです。今流にいえば、自分を〝盛ってしまう〟。たしかに、自分はできる人間と思われたい、素敵な人間に見られたい、という欲求は、誰にでもあるのだと思います。

それ自体は悪いことではないでしょう。しかし、**その欲求は自分の努力によって満たすべきものです。自分が知識を学ぶなり、経験を積むなりして、できる人間になる。自分磨きにつとめて、魅力的になる。それが本筋というものです。**

本来の自分はそうではないのに、大きく見せようとしたり、立派に見せようとしたりして、そうした言動をとるのは筋違いです。それに、盛った自分は簡単に周囲に見透かされます。見栄や虚栄といったものは、所詮《しょせん》、付け焼き刃です。ですから、すぐに剥がれるのです。

だいいち、いつも盛った自分でいるのは疲れると思いませんか。人はあるがままでいるのがいちばん居心地がいいし、周囲の目にも清々しく映るのだということを知ってください。

先に、周囲の目によって自分を律することについて触れましたが、じつはもっともっと、たしかな目があるのです。

あなたはこんな言葉を聞いたことがないでしょうか。

「お天道様が見ている」

わたしが子どもの頃、両親や周囲の大人たちは、子どもたちに向かって、よくこの言葉を口にしたものです。

「まわりに誰もいないからといって、ズルいことなんかしちゃダメ。お天道様が見ているわよ」

何かにつけていわれつづけることで、子どもたちはお天道様の目を意識するようになり、その意識のもとで行動規範ができあがっていったのです。いまはほとんど語られなくなり、死語になってしまった感もありますが、この言葉はしつけの「マジックワード」である、とわたしは思っています。

お天道様の目とは、〝真理の目〟でしょう。その目を意識して、そのまなざしを感じながら生きていれば、けっして間違うことはありません。他人の目が気になることもない。また、そのまなざしには、あるがままの自分以外、通用しないのです。

西郷南州（隆盛）に次の言葉があります。

「人を相手にせず、天を相手にせよ」

南州翁が相手にすべきだとした「天」は真理にほかなりません。真理にかなっているか、否か。生きていくうえで指針となるのはそのことだけです。

そこで、あらためてお天道様の目を意識したらいかがでしょう。

真理から外れることなく、あるがままの自分を生きる。それが幸福や幸運に、つながらないはずはありません。

朝、短いお経を唱える

心の塵を払って一日を始める

あなたの一日を思い浮かべてみてください。たとえ、一回でもおなかの底（丹田：おへその下約七・五センチの位置の体内空間）から大きな声を出すことがあるでしょうか。おそらく、「ない」という方が多いのではないかと思います。

とくにコロナ禍の生活では、一日中誰とも話さず、大きな声どころか、声を出すこともほとんどない、という方もいるかもしれませんね。

わたしは毎朝の「お勤め」、つまり、読経の際におなかの底から大きな声を出します。そのためには姿勢を正さなければなりません。背筋がスッと伸びた姿勢で、お経を唱える。これが健康にも、心にも、とてもいい影響を与えるのです。

おなかにグッと力を込めて大きな声を出すと、全身の血液のめぐりがよくなります。また、お経を唱えているときは無心になれるのです。余計なことはいっさい考えない。それは心の塵を払うことでもあります。

塵が払われた心は清浄そのもの。安らかで、穏やかに整っています。その心が幸運を掴むのです。心に乱れがあったり、塵がついていたりすると、幸運がやってきてもそれに気づくことができません。せっかく幸運を掴めるチャンスがきているのに、みすみすやり過ごしてしまうことになるのです。

みなさんも、朝、お経を唱える習慣をつけてはいかがでしょう。**『般若心経《はんにゃしんぎょう》』は一般にもよく知られていますし、わずか二六二文字の短いお経です。唱えるのに五分とかかりませんから、みなさんの〝朝のお勤め〟にはうってつけといえます。**

全文がインターネットで簡単に入手できますし、僧侶が唱えている動画もいろいろとアップされています。それをお手本にすれば、すぐにでも始めることができます。『般若心経』はリズムがよいので覚えやすく、しばらくつづけていると諳《そら》んじられるようになるはずです。

もっとも、諳んじていても、経典を手にもち、それを見ながら唱えるのが、読経の正式な作法です。

『般若心経』より短いものでは、真言があります。これは言葉の意味よりも、言葉の響き、音に重きが置かれたものです。その真言について弘法大師空海さんはこういっています。

「真言は不思議なり、観誦《かんじゅ》すれば無明《むみょう》を除く」

不思議なもので、真言（真実の言葉）を大きな声で唱えると、愚かさや心のくもりが取り除かれる、というのがその意味です。空海さんは併せて、真言を唱えるときは声の響きを大切にしなさい、ともいっています。

『般若心経』や真言が朗々と響き渡る朝。心がすっかり清らかになって、それだけで幸運が近づいてくるような気がするのではないでしょうか。

ちなみに、『般若心経』の最後は真言になっています。その部分だけを唱えるのもいいでしょう。

いくつか真言を紹介しておきますので、早速、あなたの朝に響かせてください。

〈地蔵真言〉

おんかーかー　かびさんまえい　そわか

〈観音真言〉

おんあろりーきゃ　そわか

〈不動明王真言〉

のうまく　さんまんだ
ばざらだん　せんだ
まかろ　しゃだ
そわたや　うんたらた　かんまん

〈般若心経〉

ぎゃてい　ぎゃてい
はらぎゃてい
はらそうぎゃてい
ぼじそわか
はんにゃしんぎょう

第二章

すべての運は、人の縁が運ぶ

チャンスは、人が運んできます。

誰とでもつきあえる人には、さまざまな情報が集まります。

その反対に、ご縁を遠ざけるものが〝怒り〟なのです。

常に笑顔で接する

相手を心地よくさせる人は、必ず運が開ける

運が開ける人、幸運に恵まれる人には、共通項があるように思います。仕事においても、プライベートな場面でも、かかわる相手を心地よくさせている、というのがそれです。その結果、相手も心地よさを返してくれて、どちらも心地よくなれるのです。

たとえば、人と会ったときに「おはようございます！」と、明るい笑顔で先に挨拶の言葉をかけてはどうでしょう。

笑顔で挨拶をされて機嫌を損ねる人はいません。相手もまた、にこやかな笑みいっぱいの挨拶を返してくれるに決まっています。そして、その相手と向き合っているあ

なたも、当然、心地よくなるはずです。

ここには「心地よさを相手に届ける」→「心地よさが相手から返ってくる」という〝法則〟がちゃんと成り立っていますね。

そのことに気づくことが大事です。**人とのかかわりで、心地よさを感じたければ、まず、自分が相手に心地よさを届けることです。**

仏教の根本的な考え方をあらわすこんな言葉があります。

「諸法《しょほう》無《む》我《が》」

あらゆるものは、それ自体で成り立っているのではなく、かかわりによって成り立っている、ということです。心地よい自分がいるのは、心地よい相手とかかわっているからでしょう。自分一人でいくら「心地よくなりたい！」と力んでみても、心地よさに包まれることはありません。

相手に心地よさを届けるうえで、心得ておいていただきたいのが次の禅語です。

「和《わ》顔《げん》愛《あい》語《ご》」

和やかな表情、笑顔で、相手を思い、慈しむ言葉をかけなさい、というのがその意

味です。いつもこの和顔愛語を実践していたら、周囲の誰もが（もちろん、自分も）心地よくなります。そういう雰囲気、空気が醸し出される人間関係がとても良好なものであることは、いうまでもないでしょう。

こうした人間関係は幸運の呼び水にもなります。ある人が、新たな仕事の発注先を探すような状況になったりすれば、

「そうだ、たしか、彼（彼女）がこの関連の仕事をしていたな。一度、連絡をとってみよう」

ということになる可能性は大です。プライベートな場面でも、何かの集まりが開かれる際などに、

「彼女に声をかけてみるか。彼女なら感じがいいし、初対面の人とも、きっと上手に対応してくれるはずだから……」

となったりする。その集まりで運命的な新たな出会いが待っているかもしれません。新しい仕事を得る、運命的な出会いをする、といった幸運のもとをたどれば、和顔愛語の実践に行き着きます。

和顔も、愛語も、そのすばらしさには、仏教が折り紙をつけています。布施という仏教用語はご存知でしょう。文字どおり施すことですが、その布施のなかに「無財の七施」というものがあります。

財産がなくても、人を導くだけの知恵や知識がなくても、することができる七つの布施のことです。七施の二つが「和顔施《わげんせ》」と「言辞施《ごんじせ》」。前者は和やかな笑顔を向けること、後者はやさしい言葉を使うことです。

仏教では布施を尊い行為としています。つまり、和顔愛語の実践は、二つの尊い行為を同時におこなうことなのです。それが人間関係をどれほど深めるか、また、素敵なものにするか、これはもう、説明する必要もないでしょう。

愛語のすぐれたパワーについて、言及しているのが道元禅師です。

「愛語よく廻天《かいてん》の力あることを学《がく》すべきなり」

愛語には天地をひっくり返すほどの力がある。そのことを学ぶべきである、ということです。それほどパワフルな愛語ですから、人に心地よさや、やさしさを届ける任など、やすやすとやってのけてくれます。

和顔愛語は、あなたがそうしようと決めたら、その瞬間から、どこででも、誰に対してでも、実践することができます。さあ、決めるのはいつですか。「いま」しかありませんね。

相手を全否定しない

「みんな違って、みんないい」の心で中道を探す

会議で意見を出し合っていて、あるいは、友人、知人と話をしていて、「それは違う。その考え方には納得できない。自分はこんなふうに思う」と感じることが、少なからずあると思います。自分の主義主張、意見をもっていることは大切ですし、それをはっきり伝えることも必要です。しかし、言い方には工夫があってしかるべきでしょう。

頭ごなしに否定すれば、相手も感情的になります。おたがいが自分の意見に固執して、相手の意見は何一つ受け容れない、という流れになるのです。さらには、揚げ足

取りの展開となり、あったはずの論点はどこかにいってしまって、結局、あら探しの中傷合戦に終わる、といったことにもなりかねません。

相手をいっさい認めない。これは一神教の考え方です。キリスト教も、イスラム教も、イエス・キリスト、ムハンマドという〝一神〟だけを認め、他はすべて否定します。白、黒がはっきりしているのです。その帰着するところが、いつ終わるともしれない紛争、戦争ともいえます。

これに対して仏教は、白、黒をはっきりさせることはしません。「中道」という考え方ですが、一方的に白に偏ったり、黒に偏ったりすることを戒めています。どちらも受け容れるべきところは受け容れ、双方が歩み寄ることによって、落としどころを探ろうとするのです。

意見が違っていても、中道は見出せるのではないでしょうか。相手のいっていることに異はあっても、一〇〇％受け容れ難いということはないと思うのです。どこかに共感する部分、認められる部分はあるはずです。

そうであれば、まず、その部分を認める。否定はあとに譲るのです。

「あなたのいっているこの部分は、とても共感できるし、わたしもそのとおりだと思う。でも、ここについては、わたしはちょっと違う考え方なんです……」

こんな言い方をしたら、相手の受けとめ方が〝頭ごなしに否定された〟とは、ならないでしょう。最初に〝共感ありき〟なら、相手も冷静にこちらのいうことに耳を傾けようとします。そうした流れになれば、どちらも納得できる着地点、落としどころを見つけるのも、そう難しくはないでしょう。

詩人・金子みすゞさんの作品の一つに、こんな一節があります。

「みんなちがって、みんないい」

十人十色といいますが、一〇人いれば一〇通りの考え方やものの捉え方があるのです。それがむしろ自然ですし、当たり前です。みんな違うのです。しかし、そうした違いのなかにも、自分が共感できたり、頷けたりする部分はあるものです。違っていても、みんなに〝いい（受け容れられる）〟ところはあるのです。

誰もがそのことを踏まえて議論や話を進めていけば、いたずらにいがみ合うことにはなりませんし、敵対意識をもつこともないはずです。人間関係がギクシャクするどころか、かえって深まることにもつながっていくのではないでしょうか。

考え方や意見の違う相手をこてんぱんにやり込めたら、気分はスカッとするかもしれません。「勝ったぁ！」というわけですね。しかし、そのちっぽけな〝爽快感〟は長くはつづきませんし、今度は相手が逆襲の機会を虎視《こし》眈々《たんたん》とうかがうといったことにもなりそうです。結局、いいことは何もない。

それに、もともと日本人には、相手を完膚なきまでに叩きつぶすというやり方、流儀は合っていないのです。こんな言葉があるではないですか。

「武士の情け」

どんな状況でも、相手に対する思いやりはけっして忘れない。それが日本人の流儀です。人間関係を根底で支える、美しい流儀だと思います。

相手の立場になって考える

譲ると〝ご褒美〟がもらえる

日本には、人間関係において、とてもすばらしい土壌がある、とわたしは思っています。「察する文化」がそれです。

たとえば、会話を交わしていても、相手の胸の内を察しながら言葉を選んでいる。パッと言葉が浮かんでも、そこでワンクッションがあるのです。

「待てよ、こんな言い方をしたら、この人は誤解するかもしれない。まずい、まずい。何か別の言葉がないかな」

という具合です。**自分が発した言葉や言い方を、相手がどのように受けとめるか。**

それを相手の立場になって考えるわけです。この作業をするかしないかで、人間関係はずいぶん変わってくると思います。

あなたも、友人や知人がいったなにげない言葉が、グサリと胸に突き刺さったといった経験をしているかもしれませんね。相手には、もちろん、傷つけようという意図などまったくないのです。しかし、結果として、その言葉、言い方で、こちらが傷つくことはあるものです。

これは、おたがい様のこと。逆のケースも当然考えられます。だからこそ、相手の立場に立つこと、そして、言葉を吟味することは大切なのです。

この「察する文化」は、日本人にはおおむね根づいている、とわたしは思っていますが、このごろは言葉の軽さがたびたび指摘されてもいます。いま一度、胸に刻んでおくことが必要なのではないでしょうか。

禅も相手の立場に立つことの大切さを説いています。道元禅師にこんな言葉があります。

「同事《どうじ》」

事を同じくする。つまり、**自分も相手と同じ状況、状態にあると想定しなさい、という意味です**。これが察するための前提です。すると、「彼（彼女）がいま置かれている状況でこんな言葉をいわれたら、自分だったら、つらく（苦しく、悲しく、哀れに……）なるな」

といったことがわかってきます。相手の胸の内を察することができるのです。そのうえで言葉や言い方を選べば、対応は的確なものになります。相手もこちらの気遣いを感じとって、より親近感、信頼感を深めることになるでしょう。

ビジネスの場面でも、「同事」は必要です。仕事相手とは真剣勝負、丁々発止の攻防が繰り返されるわけですが、そのなかでも相手の立場を慮《おもんぱか》ることはできるはずです。たとえば、交渉事で優位な立場にいるとします。

そのまま交渉を進めれば、「九〇対一〇」の条件で押し切ることもできる。しかし、それでは相手の立つ瀬がありません。そこで、条件を「七〇対三〇」というところまで譲る。これが、相手の立場に立って考えるということでしょう。

ビジネスは常に動いていますから、いつか、立場が逆になることもあります。かりに、相手に「九〇対一〇」の条件を提示されてもおかしくない状況になったとき、以前に〝押し切って〟いたら、相手は一歩も譲らないでしょう。

しかし、「七〇対三〇」で交渉を成立させていたら、相手はこう考えるのではないでしょうか。

「〇〇さんには前回、助けていただいたなぁ。今回はこちらがしっかりお返ししなくては、面目が立たない」

相手が〝立つ瀬〟を用意してくれる。相手の立場になって考え、譲ったことが、今度は自分に返ってくるのです。思わぬ〝ご褒美（幸運）〟がもたらされる、といってもいいでしょう。

察する文化、受け継いでいきましょう！

怒りは運を遠ざける

どんな相手も〝受け容れる〟禅の作法

禅僧というと、こんなイメージをもっている方が多いかもしれません。

「いつも穏やかで、滅多に腹を立てない」

正直、面映ゆい気がしますが、あたっているところはなきにしもあらず、です。もちろん、禅僧であっても人並みに腹は立てます。しかし、その感情をそのまま相手にぶつけたり、ほかに八つ当たりしたりすることはないのです。

わたしが修行中によくいわれたのが、こんな言葉でした。

「怒りは頭に上げるな。腹にとどめておけ」

何かカチンとくることをいわれて、「なんで、こいつ（この人）に、こんなことをいわれなきゃいけない。悪意がある（バカにしている）んだな。このまま黙って引き下がっているわけにはいかないぞ」

こうなるのが怒りを頭に上げることです。いったん頭に上げると、その後はこんなことになります。いわれた以上に強烈な言葉でいい返す。相手がそれに応酬してくる。こちらもさらに応酬する……。

結局、収拾がつかなくなって、おたがいが嫌な気分を引きずったまま、ぷいとそっぽを向く、といったことになったりするわけです。当然、関係は悪くなりますし、へたをすれば、それが原因で絶縁することにだってなりかねません。

一方、腹にとどめるとは、取り合わないことです。**怒りの感情が湧いたら、深い呼吸を数回して、「間」をとるのです。間をとることで怒りは鎮まってきます。**こちらが反撃に転じなければ、相手は張り合いがなくなって、それ以上事態が悪くなることはないでしょう。取り合わない相手に、悪口を連ねる滑稽さ、みっともなさは、誰にだってわかるはずです。

怒りは人間関係の幅を狭めます。すぐに怒りを露わにするような人と、積極的にかかわりたいと思う人はいないでしょう。まわりからしだいに人が離れていきます。**それは、幸運がその人を避けていることにも等しいのです。なぜなら、幸運は人との（よい）ご縁のなかでもたらされることが、ほとんどだからです。**

会えば、いつも嫌な気分になる、頭に血が上る……。そんな相手がいるという人もいるかもしれません。たとえば、こんな相手。

「あの人は、なんでいつも高飛車なんだ。あんなふうに人を見下したようなものの言い方をされたら、気分がいいわけがない」

「あの嫌味どうにかならないのか。いちいち神経を逆なでされる」

個人的なつきあいなら、その人を避ければいいわけですが、仕事上、どうしても顔を合わせなければならない、というケースもあるでしょう。高飛車な態度にしろ、嫌味にしろ、いったん気になると、そのことが頭から離れなくなります。

会わなければいけないと思っただけで憂うつになる、といった〝重症〟に陥ったら、仕事にも支障が出そうです。しかし、そんな相手も受け容れる方法があります。それを教えているのがこの禅語です。

「悟無好悪《さとればこうおなし》」

悟ってしまえば、好きも嫌いもなくなる、という意味です。悟るには相応の修行が必要ですが、悟るということを次のように捉えたら、誰にでもすぐにできるのではないでしょうか。

「そういう人間なのだ」とひそかに〝レッテル貼り〟をする。それがこの場合の悟りです。やってみましょう。

「高飛車にしか人に対応できない、幼児性から脱し切れていない、そういう人間なのだ」「何をいっても嫌味にしか聞こえない、ユーモアセンスの欠片《かけら》もない、そういう人間なのだ」

いかがですか。**そう相手を見切ってしまったら、高飛車なものの言い方も、嫌味な言動も、どこか哀れを誘うもののように感じられませんか。余裕をもって「そういう人間」を受け容れられるのではないでしょうか。**

さあ、嫌な相手のレッテル貼りに着手です。

「利他」の精神を大切にする

見返りを求めないと、幸運に出会える

人とかかわっていくなかで、慎むべきことは何でしょうか。思い浮かぶことはいくつかあると思いますが、「利己的ふるまい」は間違いなく、そこに含まれるでしょう。おのれの利になること、得になることばかりを優先し、求めていく姿勢は、周囲に受け容れられるわけがありません。

利己の対極にあるのが「利他」です。他人を利する。人の役に立つこと、人のためになることをするのが利他の精神。それを実践するのが「利他行」ですが、仏教ではこれを重んじています。

ところで、みなさんは仏教には「大乗仏教《だいじょう》」と「上座部《じょうざぶ》（小乗《しょうじょう》）仏教」があるのをご存知でしょうか。大乗とは〝大きな乗り物〟という意味、小乗は〝小さな乗り物〟を意味しています。

人はこの乗り物に乗って、悩みや迷い、煩悩に満ち満ちた此岸《しがん》（こちらの世界）から、それらから解き放たれた清らかな彼岸《ひがん》（悟りの世界）にわたっていくのです。

大乗仏教が大きな乗り物で、すべての人びと（衆生）を彼岸に運ぼうとするものであるのに対して、小乗仏教は小さな乗り物で、修行を積んだ個人だけが彼岸にわたろうとするものです。大乗は利他、小乗は利己、という言い方ができるかもしれません。

さて、人のためになることをする利他（行）は、何をもたらすでしょうか。日常的な例でお話ししてみましょう。

たとえば、大切な人の誕生日に心を込めて、食事の席を用意し、プレゼントを準備する。相手はもちろん喜んでくれるでしょうし、感謝の気持ちを伝えてくれるでしょう。いっしょに過ごすその時間は、楽しく、喜びにあふれ、幸福なものになるはずです。そう、相手のためを思ってしたこと、すなわち、その利他行は、あなたに楽しさ、喜び、幸福感をもたらしてくれたのです。

つまり、**利他は一方的に誰かに〝尽くす〟というものではありません。それは必ず、自分の喜びや幸福につながっているのです。**

それでも、こんな声が聞こえてくるかもしれません。

「人のために何かをしたら、今度はその人が自分のために、何かをしてくれることを期待するんじゃない？」

たしかに、〝見返り〟を求める気持ちは誰にでもありそうです。先の例でいえば、大切な人の誕生日に、自分はこれだけのことをしたのだから、自分の誕生日にはそれに匹敵することをしてくれるはずだ、と思ったりする。

しかし、見返りを期待したら、相手がその期待に応えてくれなかったとき、失望することになりませんか。

「わたしがあんなに誕生日をお祝いしてあげたのに、彼がしてくれたのはこんなことだけ。なぁんだ、がっかりだわ」

という具合です。「同感！」と感じた人は、次の言葉を噛みしめてください。

「受けた恩は石に刻み、与えた情は水に流せ（刻石流水）」

恩をいただいたら、けっしてそれを忘れてはいけない。しかし、自分が与えた情（思いやり、やさしさ……）は、その場で忘れてしまいなさい、ということをいったものです。

相手のためにしたことは、その場で忘れるのがいいのです。見返りなど期待しないでいましょう。すると、どういうことになるか。たとえささやかではあっても、相手が誕生日を祝ってくれたら、大きな喜びを感じられるのではありませんか。思いがけず、幸運（素敵なこと）に出会えたと思えるのではないでしょうか。これは、見返りを期待して〝がっかり〟するのとは、雲泥の差があります。

禅は、利他行は「〜してあげる」ものではなく、「〜させていただく」ものである、と考えます。**させていただくのですから、それだけで十分ではないですか**。見返りを期待する気持ちなど、本来、起きようがないのです。

競うのではなく、磨き合う仲間をもつ

勝ち負けは、一時的なものでしかない

しばらく前、しきりに使われていた言葉に「勝ち組」「負け組」というのがありましたね。小学校からお受験があるのが、日本の社会の現状です。早い段階から競争意識を刷り込まれるのは、仕方のないことかもしれません。

競うことが一概に悪いというつもりはありません。しかし、勝たんがために手段を選ばないということになると、これはもう、生き方そのものを間違えることになりかねません。

自分の仕事の成果をあげるために、他人の足を引っ張ったり、寝首を掻いたり、平

気で裏切ったり……。人として最低守るべき「矩《のり》」を超えてしまったら、人生の意味は失われてしまうのではないでしょうか。

そして、もう一つ知っておいていただきたいのは、**勝ちも、負けも、きわめてふたしかなもの、もっといえば、空疎なものだということです。勝ちが負けに、負けが勝ちに転じることは、いくらでもあります。**

世間の脚光を浴びた業界が一気に陰りに覆われたり、まったく日の目を見なかった業界に、急にスポットライトが当たったりすることは、これまでに何度も繰り返されています。

競争心は自分の内に向ける、というのが、自分を高めていく競い方です。水は低きに流れるといいますが、人は易《やす》きに流れやすいものです。内に向けた競争心は、それに歯止めをかけてくれます。

「けっこうがんばったな。もう、このくらいにしておくか」

「まだ期限までには時間があるから、しばらくラクをしよう」

そんなふうに、がんばったからラクをしようという自分がいたら、ほかでもない、その自分と競うのです。そして、もっとがんばる自分、ラクに与《くみ》しない自分になっていく。そんな競争心なら、いくらもってもかまわない、いや、積極的にもちたいですね。

人を対象にするなら、競うのではなく、切磋琢磨する関係になるのがいいと思います。この両者は、明らかに、似て非なるものです。

いまはほとんど目にすることがありませんが、昔は泥つきのじゃがいもを盥《たらい》に入れ、棒でゴロゴロとかき回して泥を落としていたものです。盥のなかのじゃがいも同士がおたがいにこすれ合うことによって、泥がとれて綺麗になっていく。切磋琢磨とは、こういう関係でしょう。

これとピタリ重なるのが、修行中の雲水同士の関係です。同じ時期に入門した雲水は、まだ海のものとも山のものともつかない状態といえます。いわば、泥のついたじゃがいもです。

そこから修行を通して、禅僧として必要なことを身につけていくのですが、生まれもった資質はそれぞれ違います。器用な人もいれば、不器用な人もいる。飲み込みが早い人もいるし、遅い人もいるわけです。

当然、坐禅を身につける早さにも、読経の上達速度にも差ができます。そこで、師や先輩方にいわれたのが、できる者はできない者の手助けをして、全員が修行をやり通しなさい、ということでした。

一人も〝落ちこぼれ〟を出さない。そのためにみんなが励まし合い、助け合い、刺激し合い、磨き合う。ここは、じゃがいも同士がこすれ合っている図ですね。まさに切磋琢磨の関係です。

単に勝ち負けを競い合っている関係では、相手がいい仕事をした際など、悔しさや嫉妬心が先に立つということがありそうです。その一方で、相手の失策には「しめしめ」とほくそ笑んだりする。

切磋琢磨の関係は違います。相手が成果をあげれば、

「おい、今回はいい仕事をしたなぁ。やったじゃないか。次は負けないように、おれもがんばるからな」

と賛辞を送ることができるし、それを自分が飛躍するバネにもできるのです。まさ

しく、高め合う関係、磨き合う関係ではないでしょうか。**そうした切磋琢磨の関係にある人がたくさんいる組織や集団は、相乗効果によって、各自がもっている以上の力が出せます**。逆に、勝ち負けにこだわった競い合いが目立つ組織、集団は力が結集できないものです。

古い例で恐縮ですが、九年連続日本一、いわゆる「V9」を達成した、プロ野球球団の読売巨人軍には、王貞治さん、長嶋茂雄さん、という当時の球界を代表し、また、牽引する二枚看板がいました。

わたしは切磋琢磨の言葉から、真っ先にこの二人を思い浮かべます。V9という前人未踏の栄光（幸運）は、その関係にあった「ON」が引き寄せた、といっても過言ではないと思います。

友人は、選んでつきあう

自分を成長させてくれる友人が一人いればいい

詩人で、歌人でもあった与謝野鉄幹《よさのてっかん》が作詞をした『人を恋ふる歌』という、明治時代につくられた歌謡作品があります。その一番の歌詞にこんな一節があります。

友を選ばば　書を読みて　六分《りくぶ》の侠気　四分の熱

友人を選ぶのであれば、読書家で、男気に満ち、情熱を秘めている相手がよい、ということでしょう。おそらく、これは鉄幹が思い描く理想の友人像であった、といっても的外れではないと思います。

あらためていうまでもありませんが、**友人の存在は、自分の人生にとって、大きく、また、重いものです。**その存在があることで、励みになったり、勇気が湧いたり、癒やされたり、慰められたり、救われたり……。

そんな友人がたった一人でもいたら、人生は豊かなもの、潤いのあるものになる。わたしはそう考えていますし、折りに触れて、そのようにお話ししています。

しかし、昨今の〝友情事情〟を思うと、少し心配になってきます。SNS（ソーシャル・ネットワーキング・サービス）が広く普及したことで、友人の数（量）は増えているのでしょう。

スマートフォンにはLINEのやりとりをする〝友人〟がズラリ並ぶ、という人も少なくないはずです。しかし、そのなかの何人が、たとえば、自分が窮地に立ったとき、激励してくれたり、手を差し伸べてくれたりするでしょうか。

気分が沈んでいるとき、その相手を思い浮かべると心がほっこりあたたかくなる、という人がいるのでしょうか。

わたしはおおいに疑問をもっています。いまの友人関係、とりわけ、SNSを通じてのそれは、表現は適切ではないかもしれませんが、ただ、群れているだけ、いわゆる、〝烏合の衆〟的つながりでしかない、というケースが多いのではないかと思うのです。

このあたりで真剣に考えませんか。**一人でかまわないから、真から心のつながりを感じることができる友人をもつ。**もちろん、すでにそんな相手がいるという人もいるでしょう。

それは、幼なじみであったり、学生時代に友情を育んだ相手だったりするのではありませんか。その時代には、損得勘定や打算がいっさいはたらきません。ですから、純粋に心と心を通わせやすいのです。〝親友あり〟という人は、その友情をさらに深めていってください。

いまは思い当たる相手がいなくても、気落ちする必要などありません。大丈夫です。心の友はこれからでもできます。その際、心にとめておいていただきたいのが、次の禅語です。

「求朋須勝己（ともをもとむれば　すべからくおのれにまさるべし）」

友人を求めるなら、自分よりすぐれたところをもっている相手を選びなさい、という意味です。

〝すぐれたところ〟は何でもいいのです。

「仕事に向き合う姿勢がすばらしい」

「立ち居ふるまいの美しさに憧れてしまう」

「気配りのこまやかさに頭が下がる」

鉄幹さんに倣って、読書家で知識が豊富、男気がある、熱っぽさが素敵、という相手も、もちろん、有力候補者ですし、おもしろい、やさしい、清々しい、天然ぶりが愛らしい……といったことも、十分すぐれたところになりますね。

相手のすぐれたところは、自分が学ぶべきところでしょう。そして、学べば自分の成長につながっていく。ここはとても重要です。成長なくして、開運なし、と思うからです。**自分が成長すれば、その自分にふさわしい運が開けていきます。**

まず、これぞという相手を絞り込み、腹を括ってアプローチ開始です。

相手への〝敬意〟と〝配慮〟を忘れない

難しい人間関係も礼儀を守っていれば大丈夫！

ただでさえ複雑で苦労することが多い人間関係の〝難易度〟をさらにあげるのが、「インバランス（不均衡）」でしょう。

かつての日本の企業には特有の決まりごとがありました。「年功序列」もその一つです。企業にはさまざまなポジションがありますが、年功序列にしたがって、上位のポジションには、ほぼ年長者がついていたわけです。ある種、バランスがとれていた。

ところが、現在では年功序列はすっかり取り払われて、年上の部下、年下の上司が、どんな企業にもいるという状況になっています。バランスが崩れている。インバランスが生じています。

こうした人間関係で頭を悩ませている人もいるのではないですか。

まず、年上の部下への対応はどうするかですが、年長者は仕事の経験も長く積んでいるわけですし、人生というステージでの先輩でもありますから、経験の厚みに対する「敬意」は、払ってしかるべきでしょう。

敬意をもっていることを示すのは、やはり、「礼儀」です。常に礼儀をわきまえて接する。挨拶も、「○○さん、おはようございます」がいいですね。また、指示や命令を出すときも、

「○○さん、明日、先方と打ち合わせですから、準備をしておいてください」

というふうにするのがいいと思います。相手が部下だからといって、三○代の上司が五○代の部下に、

「○○くん、明日、先方と打ち合わせだから、準備しておいて」

といった話し方をしたら、周囲は眉を顰《ひそ》めずにはいられないものです。五○代に対する三○代のものの言い方として、誰が聞いても聞き苦しいですし、間違いなく自分

の品格を下げることになります。

年下の上司への対応で大切なのは「配慮」でしょう。ポジションに対する配慮。これは忘れてはいけません。課長の椅子にしろ、部長のそれにしろ、そのポジションについているということは、その企業の、それなりの、理由があるのです。いってみれば企業の論理ですが、そこに籍を置いているかぎりは、それを受け容れるのは当然のことです。

配慮を示すのも、まずは礼儀。とくに社外の人と席を同じくしたときは、上司を立てるものの言い方、ふるまい方が必須でしょう。たとえば、

「(自社の)課長、かしこまりました。それでは、本日の○○社様との打ち合わせを踏まえまして、わたくしのほうで資料を集めておきます」

など、ビジネスパーソンの会話原則を厳守です。くれぐれも、

「課長、わかりました。それじゃ、本日の○○社さんとの打ち合わせを踏まえて、わたしのほうで資料を集めますね」

のようにはならないよう注意しましょう。

企業の事情によっては、経験もまるで未熟、仕事の能力にも疑問符がつく人が、上司になることがあるかもしれません。そんなケースでは、「なんで、よりによってこんなのが上司なんだ」という思いが拭えないということもありそうです。

しかし、この場合も、**ポジションへの配慮はすべきです。年長者には年の功というものがありますから、ここは感情を抑えて〝おとな〟を発揮してください。**もっとも、企業には定期的な人事異動がありますから、そんな上司とのつきあいも限定的です。

それまでの間、ここは、辛抱、辛抱、でいきましょう。

無理な相談事は、しっかり断る

断るときは〝早く〟〝正直に〟がポイント

わたしは、本の執筆や講演のご依頼をたびたびいただきます。また、「禅の庭」のデザイン、作庭も手がけていますので、そちらのオファーも国内外からいただくことが少なくありません。ほんとうにありがたいことだと思っています。

そうしたご依頼への対応として、**まず心がけているのは、「できるかぎりお引き受けする」ということです。**ご依頼があるということは、自分が求められている、望まれている、ということですから、それに応えることで何かのお役に立てるのではないか、と思うのです。

「禅の庭」についていえば、それはそのときの自分を表現する場である、と考えています。「禅の庭」には自分の心がそのままあらわれます。ですから、「禅の庭」づくりを通して、そのときどきの自分の心の在り様をたしかめ、反省につなげたり、次なる課題を見つけたりすることができるのです。

オファーをいただくことは、そうしたすばらしい機会をいただくことでもあるわけですから、物理的にどうしても無理であるという場合を除いて、お断りする理由はありません。

依頼や相談事について一ついえるのは、引き受けるより、断るほうがはるかに難しい、ということでしょう。断り方によっては、せっかくオファーをくれた相手に、嫌な思いをさせることがあるでしょうし、その後の関係がややこしくなったりすることもあると思うからです。

断る際のポイントは二つあります。〝早く〟断ること、そして、引き受けられない理由を〝正直〟に伝えること、です。

オファーを受けてから回答を延ばし延ばしにしていると、その間、相手はさまざまな憶測をすることにもなるでしょう。希望的観測がはたらいて、こちらが引き受けることを前提に、その後の進行を考えるかもしれません。

そこで「ＮＯ」の回答を伝えたら、少なからず混乱をきたすのは必至。それを避けるためにも、断るなら、返事は〝迅速〟にすべきだと思います。

引き受けられない理由を〝正直〟に伝えることも、自分を選んでくれた相手に対する、欠かしてはいけない配慮です。理由、事情を端的に伝える。

「来月まで仕事がつまっていまして、時間的にお引き受けできない状態なのです。申し訳ありません。お声をかけていただいて、ありがとうございます」

可能であれば、〝提案〟をつけ加えると、相手はいっそうこまやかな配慮を感じるのではないでしょうか。

「〇月からのスタートでよろしければ、喜んでやらせていただきますが……」

という具合です。いうまでもないことですが、

「今回はちょっと無理です」

これは、ビジネスシーンでの断り方として、不完全、不誠実、不愉快の〝揃い踏み〟

ですから、厳に戒めてください。

原則として断るべきなのは、「連帯保証人」をはじめとして、こちらが責任を負うことになる可能性がある依頼、相談事です。いくら親しい人、懇意にしている人であっても、これははっきり断るのがいい。

「そのお話については、わたしが責任を負える範囲を超えています。お断りするしかありません」

その依頼をするに至った経緯などを聞いてしまうと、かえってめんどうなことになります。ここでは、即座に、毅然と、を貫きましょう。

情に負けて応じたりすると、そこで縁が結ばれることになります。けっして好ましい縁ではありませんね。縁は連鎖します。つまり、よい縁を結べば、それが新たなよい縁を引き寄せますし、逆に、好ましくない縁を結べば、それが別の好ましくない縁をもたらすことになるのです。

悪縁の連鎖のなかにいたら、運が開けるはずもありません。

借金の申し入れについても同様です。ただし、申し入れてきた相手が、つきあいも長く、深く、絶対的な信頼を寄せている人、すなわち「刎頸《ふんけい》の友」的な存在であった場合、断固、断るべきかどうかは考慮の余地があるかもしれません。

もちろん、最終判断はそれぞれに委《ゆだ》ねられますが、申し入れに応じることもあるでしょう。その判断をするうえで必要なのは、**貸金が戻ってこなくてもかまわないという気持ちを、自分のなかで固めておくことです。**

もっとも、そこまでできる相手は、そうそういるものではありませんね。

「自分が、自分が」といわない

自我を抑えて「お蔭様」を探す

人の性格、気質はさまざまです。なかには、何かにつけて自分を前面に出さないと気がすまないという人がいます。「自我」が強いといってもいいと思いますが、仕事にしても、プライベートなことにしても、自分中心にことが運ばれないとがまんがならないのです。

たとえば、進行していたプロジェクトが成功裡に決着したときも、まず自分ありき。「自分が、自分が……」といった発言が口をついて出ることになります。

「今回のプロジェクトでは、途中で停滞したことがあっただろう。あのとき、わたしが方向修正したことが、この結果につながったわけだ。思えば、あれが成否の分岐点だったな」

まあ、この人のプロジェクトでの活躍ぶりは、誰もが認めるところなのかもしれません。しかし、ここまで自分の〝功績〟をいい募られたら、周囲は鼻白むのではありませんか。

「はい、はい、みんなあなたの実力のたまものなんでしょうよ。メンバーのことなんか、使いっ走りくらいにしか思っていないんだな。だったら、何もかも自分一人でやればいいんだ」

これは少し極端に過ぎるかもしれませんが、本音の部分ではこれに近いことを思っているのではないでしょうか。

組織のなかには、成果は自分のものにし、失敗は部下（周囲）に押しつけるような人がいるとも聞きますが、このタイプがそれにあたるのかもしれません。

いずれにしても、あまりに強烈な自我を見せつけられると、周囲はその人をサポートする気持ちにはならないでしょうし、チームが一枚岩になることもできないでしょう。このタイプが、いずれ仕事の運に見放されることになるのは必定。仕事では、結局、チーム力がものをいうからです。

自我は抑制する、小さくしていく。それが肝要です。そのためには「お蔭様探し」をするのがいい、とわたしは考えています。説明しましょう。

どんな仕事にも何人もの人がかかわっています。仕事がいいかたちで完結したとすれば、かかわった人たちのたくさんの「お蔭様」がそこにあるのです。

そもそも、仕事のオファーをくれた相手、仕事にゴーサインを出してくれた人がいなければ、それに着手することさえできなかったわけですから、まず、その人（たち）のお蔭様は外すことができません。

仕事を進行する過程で、打ち合わせに時間を割いてくれた仕事相手のお蔭様もあるでしょう。必要な調査を手伝ってくれた同僚、資料をつくってくれた後輩などの協力もあったでしょう。

そうした人たちのお蔭様も、見逃すことはできません。また、仕事相手が来社して打ち合わせをした際に、笑顔でお茶を運んでくれた人だっているはずです。その人のお蔭様もカウントすべきものではありませんか。

そのようにお蔭様探しをしてみると、到底、「自分が、自分が」などとはいっていられないことに気がつくでしょう。気づいたら、自我はどんどん萎《しぼ》んでいきます。

その思いは周囲の人たちに対する接し方、対応にもあらわれます。

「この仕事の成功は、ひとえに〝おれのお蔭だ〟」

などとは口が裂けてもいえませんし、そんな不遜、傲慢な態度は、おくびにも出るわけがありません。

周囲がサポートしたいと思うのはそんな人です。一枚岩の核になるのはそんな人なのです。万全のサポートと、盤石の一枚岩態勢。その人を中心に仕事がいい方向に回っていくのは、〝必定〟です。

第三章

平常心で努力をつづける

結果はあとからついてきます。
評価など求めず、ただ目の前のことに取り組みましょう。
それが幸運を手にする早道です。

めんどうなことから片づける

先に苦労をしておけば、あとがラクになる

自分のまわりには、常にいくつかのやるべきことがあるはずです。仕事を例にとれば、手がけている案件の進行状況をレジュメにまとめる、会議に向けて企画を考える、顧客の新規開拓のために候補先リストをつくる……。そうそう、領収書の整理などもあるかもしれません。

それらの仕事のうち、さて、どれから着手するか。これにはいろいろなタイプがありそうです。

「早く片づきそうなものからやることにしている。そのほうが時間を効率的に使える

から……」

「一つの仕事ばかりでは、飽きてきて集中力がつづかない。一つをキリのいいところまでやったら、しばらく別の仕事に移って、また、最初の仕事に戻ったり、という感じかな」

「仕事の内容によって、自分が得意なものとちょっと苦手なものがある。当然、得意なものから手をつけている」

もちろん、自分に合ったやり方、すなわち、〝自分流〟があっていいわけですが、わたしの仕事に対する考え方、取り組み方は、これらのものとは違います。〝枡野流〟はこうです。

めんどうなもの、やっかいなもの、苦手なものから先に手がける。

ちょっと考えると、めんどうなもの、やっかいなもの、苦手なものは、時間がかかってしまって、能力、気力、体力を消耗し、予定した仕事が全部こなせなくなるように思えます。

しかし、これが逆なのです。

たしかに、めんどうだったり、苦手だったりする仕事は、仕上げるのにどのくらい時間がかかるのか、読めないことが多いのです。手をつけてみたら、思った以上にはかどらなかったという事態が、十分に想定されます。

ですが、それを後回しにしたら、精神的な負担が余計にズシリとのしかかってきます。

「まだ、ここまでしか終わっていない。いったい何時になったら終わるんだ。これじゃ期日までに仕上がらないかもしれない。あ〜あ……」

気持ちが萎えたら、集中力もそがれることになります。時間が余計にかかることになるのは、必然の結果です。

一方、能力、気力、体力ともにフレッシュなときに、めんどう、やっかい、苦手なことに取り組めば、時間はかかっても、それを〝最短〟に抑えることができます。仕上げた達成感も感じられるでしょう。

「いやぁ、たいへんだったけど、終わったぞ！　われながらがんばったな。これで、肩の荷が下りた」

というわけです。残っているのは、負担を感じない仕事、得意とする仕事ですから、仕上げるまでの時間も読めるでしょうし、達成感（爽快感もありそうです）がエネルギーにもなって、テキパキこなすことができるはずです。

さきほど枡野流などといいましたが、じつは、この〝方式〟、古くからいわれていることの実践なのです。

「先憂後楽《せんゆうこうらく》」

なるほど！　と膝を打った人もいるでしょう。北宋時代の政治家・氾仲淹《はんちゅうえん》が著した『岳陽楼記《がくようろうのき》』という書物にある言葉ですが、文字どおり、先に憂いを引き受けたら、つまり、苦労をしておけば、あとがラクになる、ということです。

この言葉をよく口にしたとされる実業家もいます。経営の神様といわれた松下幸之助さんがその人で、こんな言い方をされたといいます。

「この先憂後楽という考え方を多少とももっていないと絶対ダメやな」

先憂後楽は松下さんの信条でもあったのでしょう。松下さんは、それを貫くことで、世界に冠たる〝大松下〟をつくり上げた。運を開きつづけたのです。

先憂後楽を実践するためのヒントは、「考える前に動く」ということです。めんどう、やっかい、苦手、を前にして、

「これかぁ。時間がかかりそうだな。三時間？　いや、四時間はかかるんじゃないかな。ほかにも仕事があるのに、う〜ん、まいったな……」

などと考えると、頭も、身体も、動かなくなります。あれこれ考えずに、とにかく、とりかかってしまうことです。禅には、こんな言葉があります。

「禅即行動《ぜんそくこうどう》」

すばやく行動することは、禅がとくに重んじるところです。これを機に、自分流から枡野流に宗旨替えをしませんか。いや、枡野流はおこがましいですね。〝松下流〟への宗旨替え、いかがですか。

コツコツつづけると運が開ける

何事にも好きなところを見つけよう

禅僧であること。もちろん、それがわたしの本分ですが、「禅の庭」のデザイン、作庭も自分の全力を投入できる〝場〟である、と感じています。

「禅の庭」に携わりたいと思ったのは、はるか昔、小学校の五年生か六年生の頃だった、と記憶しています。両親と京都旅行に出かけた折、禅寺をめぐって庭をいくつか見て回ったのですが、その際、大きな衝撃を受けたのです。「禅の庭」の清浄たる美しさに魅了され、その前に立つだけで背筋がピンと伸びるような、凛とした佇まいに圧倒された、といったらいいかもしれません。そして、

「いつか、どんなかたちでもいいから、〝禅の庭〟にかかわりたい」

子供心ながら、そんな決意を固めたのでした。

実際に「禅の庭」とかかわりをもったのは、高校生のときでした。わたしどもの建功寺では庫裏《くり》客殿を建て直すことになり、その折に、庭も同時に整備することになりました。このときに庭のデザインをお願いしたのが、のちの恩師となる齋藤勝雄先生です。大学を卒業してからは、なかば押しかけ弟子のようなかたちで恩師のもとに入門し、四年間ほどさまざまなことを学ばせていただきました。

その後、曹洞宗大本山總持寺での修行に入りましたので、しばらくは「禅の庭」から離れましたが、修行を終えて自分の寺に戻ったのを機に、デザイナーとして独立したわけです。

しかし、そうすぐに芽が出るわけもなく、独立後五〜六年間は悩むことが多い日々でした。

その間、学生時代の友人たちは就職して、それなりのお給料をもらうという安定した生活をしていましたから、焦りのようなものがまったくなかったとはいいません。

しかし、支えてくれるものがありました。

それは、「禅の庭」が好き、そのデザイン、作庭をなんとしても手がけたい。その思いが支えとなってくれたのです。

「好きなことをやっているのだから、いまはみんなのように（順調に）いかなくても、仕方がないな」

当時を思い返すと、そんな気持ちだったような気がします。

〝好きなこと〟というのは、それをコツコツつづけていくうえで、いちばん重要なポイントだと思います。それが、そのことに取り組む最大のモチベーションになりますし、納得するまでとことん妥協しないという、強い意志の源にもなるからです。

何事も高いモチベーションと強固な意志をもって継続していくことが、運を開いていくのではないでしょうか。やらされているという感覚でいたり、嫌々やっているという思いがあったら、運は閉ざされたままでしょう。

「それはそのとおりだと思うけれど、実際には誰もが好きなことをできるわけではないでしょう。むしろ、好きなことができている人は、ほんのひと握りなのでは？」

たしかに、そうかもしれませんね。好きなことをして生計が立つという幸運に恵まれている人は、少数派なのでしょう。しかし、こういうことならどうでしょう。

いまついている仕事、やっていることのなかに、〝好きなところ〟を見つける。これならできそうではありませんか。自分の思いとは違う仕事についていても、やりたくないことをしていても、そこに、何か好きなところを見つけられないでしょうか。

その道筋はある、とわたしは思っています。キーワードは〝自分の色に染める〟です。たとえば、小さな会社で来客の受付やお茶出しなどをしているとしましょう。

「こんな雑用ばかりじゃ、やりがいなんか、感じられるわけがないじゃない」

仕事に対する思いは、そんなものかもしれません。しかし、受付の対応の仕方で、お客様の印象は違ったものになります。そこに気づいて、対応に工夫をしたらどうなるでしょう。

「いらっしゃいませ。いつも、お世話になっております」

といったマニュアルどおりの対応から一歩進めて、

「いらっしゃいませ。お暑い（お寒い）なかをありがとうございます。○○様、先日おいでいただいた際に、ご出張つづきだとうかがいましたが、お疲れなどございませんか？」

など、相手に心を寄せた会話ができると、印象は変わってくると思うのです。打ち合わせの最中に、先方からこんな話が出るかもしれない。

「受付の○○さん、ほんとうに感じがいいですね。こちらにうかがうのが楽しみになりますよ」

もちろん、それを聞いた自社の人からも、お褒めと感謝の言葉があるはずです。

「○○さん、受付の対応がすばらしいと褒められたよ。いつも、ありがとう」

こうなれば、受付という（やりがいを感じられなかった）仕事を自分の色にみごとに染めているのではありませんか。それは、仕事の楽しさ、おもしろさにつながりませんか。仕事に好きなところを見つけた気持ちにならないでしょうか。

「随処作主　立処皆真（ずいしょにしゅとなれば　りっしょみなしんなり）」

この禅語は、拡大解釈をすれば、どんな状況にあっても、主体的に取り組んでいけば、そこに自分らしさを実現できる、ということをいっています。**自分らしさがあらわれている仕事のなかに、好きなところが見つからないことなど、絶対にありません。**

"自分のまま"がいちばん心地いい

まわりの評価から自由になろう

自分に対する評価は高いほうがいい。これはどんな人にも共通する思いでしょう。

禅では、評価は周囲がするものであるから、気にかけても仕方がない、周囲がしたいままにまかせておけばいい、としています。

それが本道ですが、まあ、高い評価を得れば気分がよく、うれしくなりますし、評価が低ければ少々不満にも思い、気持ちも沈むのが人情というものでしょう。

大切なのは評価に縛られないことです。芸術の世界ではこんなことがあると聞きます。たとえば、画家のある作品が最上級の評価を受けたとします。するとその画家は、その後、なかなか絵筆がとれなくなる、というのです。

画家のなかに、「絶賛された作品を超えるような評価が得られる作品を、描かなければならない」という気持ちが強くなる、というのがその理由です。評価に縛られているわけです。作品が高い評価を得たことによって、それがプレッシャーになってしまうのです。

禅僧も書画を描くことがありますが、評価を念頭に置くことはありません。書（禅では墨跡といいます）でも、禅画でも、それを手がけるときに考えるのは、修行を重ねることで会得した、そのときの自分の心（境地）をいかにありのままに表現するか、ということだけです。

できることはそれしかありませんし、やるべきこともそれだけなのです。向き合っているのは、ただ自分の心ですから、プレッシャーがかかるはずもありません。わたしが「禅の庭」をつくるときも、まったく同じです。

仕事でも、高い評価を受けると、今度はそれを超える結果を出さなければいけない、と考えてしまう人がいるかもしれません。たとえば、営業で売上トップをとったら、次はもっと高い数字でトップを維持しようとする。

もちろん、そうするために努力するのはいいことです。しかし、何がなんでも数字を伸ばさなければいけない、というのが強迫観念になったら、自分が苦しくなるだけでしょう。**そのとき自分ができること、やるべきことだけを見据え、ひたすらそれを一生懸命にやっていけば、それでよいではありませんか。それで出てくる数字が、そのときのそのままの自分の実力なのです。**それに対して、

「なんだ、今月は数字が落ちたな。もっと気合いを入れてもらわないと困るなぁ」

といった評価がなされたら、ここは禅がいう〝本道〟を思い出してください。

「自分は全力を尽くしたんだから、それで納得、満足だ。評価はおまかせします。どうぞ、どうぞ、お好きにしてください」

心のなかでそう開き直ったらいいのです。

評価ということに関して、最近、気になるのはSNSです。インスタグラムなどに自分の〝私生活〟を投稿している人がたくさんいます。SNSは誰でも情報を発

信できるメディアですから、それを利用するのはかまわないのですが、高い評価を得るために、自分を虚像化するきらいがあるように思います。たとえば、

「今日は○○ホテルの△△レストランでランチしました。メニューを写真で紹介します。明日のランチは××レストランの予定です！」

といった類いの〝情報〟をアップする。それに対して、「いいね」や「羨ましい」「すごい、リッチ！」などのコメントが寄せられたら、今度はその評価に応えるために、さらにリッチな自分をつくりあげようとする。

こうして、自分を虚像化しているのではないでしょうか。当然、現実の自分（実像）とはギャップがあります。そのギャップが広がれば広がるほど、気持ちのうえではつらくなってくると思うのです。虚像を維持するための経済的な負担も、どんどん大きくなっていくはずです。

事実、それが悩みのタネになって精神的に病んでしまう、といったケースもあると聞きます。**いつでも、どんなところにいても、そのままの自分でいる。それ以上に心地よい居場所などないのです。〝あるがまんま、そのまんま〟でよいではありませんか。**

〝不得手〟なことより〝得意〟を伸ばす

得意なものを伸ばしたほうが「一目置かれる」存在になれる

まず、禅語を一つ紹介しましょう。

「春色無高下　花枝自短長（しゅんしょくこうげなく　かしおのずからたんちょう）」

春になると、うららかな陽射しが降り注ぎ、あたたかな春風が吹きわたる。いたるところに春の陽気が漂っているが、それを受ける花の枝には、短いものも、長いものもあり、その違いによって、早く花開く枝もあれば、遅咲きの枝もあるのだ、というのがその意味です。

人も同じです。同じ時代、同じ社会に生きていても、それぞれに短長、すなわち、短所も、長所もありますし、早成の人も、晩成の人もいます。それはそれぞれに与えられた、いってみれば〝個性〟のようなものですから、その個性のなかで精いっぱい生きたらいい、とこの禅語はいっています。

しかし、現実には自分の短所、不得意なところが気になるものです。とくに、それが得意でやすやすとやってのける人を見ると、羨ましく思い、なんとか自分もそうならなければいけないと考えたりする。

もちろん、不得意なところを克服する努力には、意味も、意義もあるでしょう。それを承知したうえであえていうのですが、**わたしは不得意の克服より、得意を伸ばすことに力を注いだほうがいい、と思っているのです。**

不得意を克服するのには、時間も労力もかかります。平均レベルに引き上げるのにも、(それが不得意でない人の)何倍も努力をしなければならない。しかし、得意なことはどうでしょう。

不得意を克服するための時間と労力を、得意なことに傾けたら、そのレベルはめざましく上がるのではありませんか。組織のなかで「一目置かれる」存在になることだ

って、けっして難しいことではないと思うのです。

「データをビジュアル化する彼のセンスはすごいね。わかりやすいし、とにかく早い。とても彼のようにはできないな」

「彼女の英語、聞いた？　ほとんどネイティブだよ。あれで帰国子女じゃないっていうんだから、ほんとうにびっくり。よほど勉強したんだね」

どちらも、得意を磨いた結果でしょう。そうすることで、組織のなかで確固たる立ち位置が築けているのです。

もちろん、仕事にはいろいろな分野がありますから、自分が担当する仕事に不得意な分野が含まれている、ということもあるでしょう。そのときは、それが得意な人の力を借りたらいいのです。仕事はチームワークですから、補い合いは当然のことといえます。

「ビジュアル化がうまくできないの。時間があるときに手を貸してくれない？」

「ＯＫ。きみにはいつも英語の文書の〝添削〟をしてもらっているからね。こっちはまかせて」

おたがいが得意を活かし合い、不得意を補い合うことで、仕事の完成度は確実に高くなります。

こんな禅語もあります。

「柳緑花紅（やなぎはみどりはなはくれない）」

柳は鮮やかな緑の枝を垂れ、花は美しい紅色に咲いている。どちらも本分（自分らしさ）をまっとうしている、ということです。これを少し読み替えれば、自分らしさ、すなわち、自分が得意とするところを精いっぱい発揮することが大切だ、と解釈することができそうです。

不得意は大胆に見切って、得意に磨きをかけましょう。

過去の失敗、怨み、未練……執着を手放す

悔しさ、つらさを成長の糧にする

いくつもの失敗を繰り返していく。それも、人生の側面でしょう。そうであれば、失敗をどのように受けとめ、それにどう対応するかで、人生は違ったものになる、といっていいと思います。

誰でも一度ならず経験する失敗が「失恋」でしょう。突然、〝蜜月期〟に終わりがきて、相手との縁が断ち切れてしまう。相当な心の痛手です。去っていった相手への執着がいつまでも残ったり、相手への怨みが心から消えなかったりといったことがあるかもしれません。

実際、手ひどい失恋を経験したことで、その後、恋愛ができなくなってしまう、というケースもあるようです。執着にしろ、怨みにしろ、それを手放せないのは、なぜ失恋に至ったのか、その原因をきちんと検証していないからではないかと思うのです。

こんな言葉があるのをご存知ですか。

「勝ちに不思議の勝ちあり、負けに不思議の負けなし」

肥前国平戸藩主であった松浦静山《まつらせいざん》（清《きよし》）が綴った『甲子夜話《かっしやわ》』のなかにあるものです。その意味は、偶然に勝利を得たり、たまたま勝つことはあっても、そんな負け方をすることはない。負けには、必ず原因がある、ということでしょう。

失敗も同じです。成功には偶然やたまたまがあっても、失敗にそういうことはないのです。失恋も例外ではありません。

そこで、気持ちが少し平静になったら、原因を検証してみるのです。いろいろと思い当たるのではないでしょうか。

「彼女のやさしさに甘えて、身勝手なことをけっこうやっていたな」

「いつも自分の都合ばかり優先させていたかもしれない」

「デートのとき、自分のことばかり話して、彼の話を聞いてあげようとしなかったな。きっと、いいたいことがたくさんあったんだろうな」
「時間にルーズで、約束に遅れてばかりだった」

原因がわかれば、それをあらためようという気持ちになるはずです。身勝手な自分を変える、相手の都合に配慮する、相手の話をよく聞く、時間を守る……。そんな自分は、失恋時より少し、成長した自分ではありませんか。そう、失恋が成長の「糧」になるのです。

また、失恋で味わったつらさ、悲しさ、寂しさ……も活きます。人のそれがわかるようになるのです。もっといえば、人のつらさ、悲しさ、寂しさに寄り添うことができるようになる、といってもいいでしょう。これも成長ですね。

そして、原因の検証をすることで、自分のなかで決着がつきます。執着や怨みをいつまでも引きずるのは、
「突然、別れようだなんて、ひどい人」
「あそこまで尽くしてやったのに、こんな仕打ちはあんまりじゃないか」

といった感情に縛られたままでいるからです。そんな感情から離れるために、もっとも有効なのが検証なのです。これは断言しましょう。**検証をしたあとには、感情を手放している自分、感情から自由になっている自分がいます。**

なかには、完全に裏切りとしか思えない、不誠実な相手がいるかもしれません。そんなケースは、自分に人を見る目がなかったわけですから、つらくても〝自己責任〟と考えるしかないのではないでしょうか。

人を見る目を養う機会を一ついただいたのだ、自分が成長するための貴重な経験をしたのだと捉えて、気持ちを切り替えましょう。

検証が必要なのは失恋だけではありません。仕事の失敗はもちろん、あらゆる失敗について、その作業をすることです。それは、間違いなく、自分を成長させていってくれる糧になります。

コロナ禍にあって「理不尽」を感じている人は少なくないかもしれません。経済の悪化で給与をカットされた、グループ子会社への出向を命じられた、休職を余儀なくされている、廃業に追い込まれた……。

新規採用を見合わせる企業も続出しています。その企業をめざし、そのための専門的な勉強をしてきたという人たちにとっては、希望を無理やり奪われたにも等しいことです。どうにもやりきれない気持ちでしょう。

思いもよらない事態です。怨む気持ち、憎む気持ちが起きるのも、当然といっていい理不尽です。しかし、これは思いもよらない事態であると同時に、誰にも、どうにもできない事態でもあるのです。禅はこう教えています。

「即今《そっこん》、当処《とうしょ》、自己《じこ》」

たったいま、その瞬間に、自分がいるところ、自分が置かれた場所で、できることを自分の精いっぱいやっていく。そのことが何よりも大切である、ということをいっている禅語です。どんな事態になっても、できることはあります。また、精いっぱいやることはできます。そうしていたら、怨みからも、憎む気持ちからも、離れていられるのだと思います。

〝もたない〟〝戻す〟でスッキリ暮らす

整理整頓できる〝整った心〟に幸運が訪れる

昨今、ミニマリスト（必要最小限のものだけで暮らす人）ということがよくいわれますが、禅僧は例外なく、ミニマリストとしての暮らしを経験しています。僧堂での修行生活がそれです。寝起きするのは「単《たん》」と呼ばれる畳一畳分のスペースです。まさに「起きて半畳寝て一畳」をそのまま実践する暮らし。食事をとるのも、坐禅をするのもそこです。

もちものはといえば、「函櫃《かんき》」という小さな収納箱に収まる分だけですから、究極の「必要最小限」といっていいでしょう。

修行中は、整理整頓が徹底しておこなわれますが、ほとんどものをもっていないわけですから、これは造作もないのです。

「いつも整理整頓をしなきゃと思うのだけれど、面倒くささが先に立って、なかなか手がつけられない」

そんな人もいるのではないでしょうか。面倒くさくなる原因、手がつけられない理由は、はっきりしています。**ものをもちすぎているからです。整理整頓を〝造作もなく〟するうえで、最初に取り組むべきことは、ものを減らすという、もっとも基本的なことです。**

ものを減らすには、自分でルールを設けるのがいいと思います。増えてしまうものの一番手は、やはり、衣服でしょう。とくに女性は季節ごとに新しいものを買ったり、トレンドを追いかけたりして、ワードローブにも押し入れにも、衣服がぎっしりつまっているといったことになりがちなのではないでしょうか。

一度、衣服の総点検をして、仕分けをしましょう。「三年以上袖を通していない衣服」をまとめる。それが仕分けの方法です。三年以上着ることがなかった衣服は、とっておいても、まず、着ることはありません。ですから、それは処分する。これも一つのルールになりそうです。

禅の流儀は、ものは最後まで使い切ることです。処分といっても、ただ捨てるのではなく、物資が不足している国や地域へ衣服などを送っているボランティア団体に寄付するとか、フリーマーケットに出品するとか、それが活きる方法を考えるのがいいでしょう。

ものが少なくなれば、スッキリして居住スペースが増えますし、整理整頓も格段にラクになります。

整理整頓には、もう一つ重要なポイントがあります。ものの〝番地〟を決めるのです。つまり、置き場所を一定にする。これも禅の流儀です。修行中の欠かせない日課に掃除がありますが、掃除道具は共用で雲水たちが代わる代わる使います。

ですから、置き場所が決まっていないと、「箒《ほうき》はどこだっけ?」「雑巾はどこに行った?」といったことにもなるわけです。もちろん、使い終わったら、必ず、その番地に戻す。

この流儀は、みなさんの日常生活にも、ぜひ取り入れてください。

「観たい番組が始まるのに、テレビのリモコンがない」

「ハサミが見つからない。誰が使って、どこに置いた？」

そんな経験があるのではないですか。番地を決め、使ったらそこに戻す。これを徹底したら、もの探しに要する時間も手間も省けます。さらに、番地が決まっていれば、ものが散らかりません。整理整頓の負担がさらに大幅に軽減されるのです。

「脚下照顧《きゃっかしょうこ》」

これは、脱いだ履きものはそろえなさい、ということをいった禅語ですが、そこには、常に自分の足元を見つめながら生きていきなさい、という深い意味合いも含まれています。

履きものをそろえるのは整理整頓の〝原点〟でしょう。それについて、宮崎奕保《みやざきえきほ》禅師はこんな言葉を残されています。宮崎禅師は曹洞宗大本山永平寺の貫首をはじめ、同宗の数々の要職をつとめられた方です。

「スリッパをそろえるのが当たり前のこっちゃ。わしも修行をしておるが、修行をしておるんではなくて、当たり前のことをやっておるんや。それよりやることはないんや。スリッパが曲がっている人は、心も曲がっている」

履きものをそろえる、整理整頓をする、というふるまい（行動）は、心とつながっているのです。言葉を変えれば、ふるまいは心を映し出している、という言い方ができるでしょう。

そう、整理整頓ができるのは、心が整っているからです。あるいは、整理整頓することで、心が整うといってもいいかもしれません。その心と、ものが散らかっていても平気でいる心、どちらに幸運が訪れるか、これは明々白々ではありませんか。

夜は仕事を忘れてぐっすり眠る

三つの結界で仕事モードを脱ぎ捨てる

コロナ禍は世界中の人びとを不安に陥れたといってよいでしょう。実際、不安や気がかりなことが増えて、夜よく眠ることができなくなった、という話も聞きます。たしかに、不安、気がかりは夜になるといっそうふくらみますし、心がそれらでいっぱいになっていたら、安らかな眠りにつくこともできないでしょう。

不安や気がかりなことにとらわれると、交感神経が優位にはたらきます。しかし、眠るためには副交感神経が優位になることが必要なのです。いってみれば、考える脳（前頭葉）から感じる脳（側頭葉）への切り替えをしなければならないわけです。

そのためにもっとも有効なのが坐禅です。**坐禅でもちいる丹田呼吸が、考える脳を休め、感じる脳を活発にしてくれるのです。その結果、気持ちが穏やかに、安らかになり、すみやかに眠りに入っていける。坐禅の心得がある人は、坐禅を就寝前の習慣にするとよいでしょう。**

心得のない人には、こんな方法がおすすめです。

不安や気がかりの大半は、仕事に関することや、仕事上の人間関係ということが多いと思います。仕事が上手くいかない、（コロナ禍による経済的な落ち込みもあって）仕事の先行きが不安、上司との人間関係がこじれている……。

こうしたことが心のなかにあり、夜もよく眠れないという人は、仕事のことを考えないようにする、つまり、仕事モードを脱ぎ捨てて、プライベートモードに切り替えることが大事なのです。そのためには自分で三つの「結界」をつくるのがいいと思います。

結界とは俗なる世界と聖（浄）なる世界を分ける境界線のことです。

規模の大きなお寺には三つの門が設けられています。これらの門はそれぞれ結界で、そこをくぐり抜けることで、心についた塵や埃を払い落とし、浄なる世界にふさわしい心になっていくのです。俗な心を脱ぎ捨てるといってもいいですね。

門が三つあるのは、心を俗から浄に切り替えるには、距離と時間が必要だからです。三つの門をくぐるには、それなりの距離を歩かなければなりませんし、時間もかかります。その距離と時間のなかで、心の切り替えがおこなわれるのです。

さて、仕事モードからプライベートモードへ切り替えるための結界ですが、**一つめを、たとえばオフィスの玄関にするのです。**玄関を一歩出たら、できるだけ仕事のことは考えないようにする。

仕事中はいつもネクタイをしているという人は、ネクタイを外すことで気分もリラックスして、仕事から少し離れられるかもしれませんね。

二つめの結界は自宅の最寄り駅の改札。改札を出たら、さらに仕事を切り放す。自宅に戻ってからの時間の使い方などを思い浮かべると、切り放しに一役買ってくれそうです。

「食事がすんだら、ジャズのＣＤを聴こう（撮りためているサッカーのＤＶＤを観よう、一杯飲みながら、ミステリーでも読むか……）」

といった具合。そして、**三つめの結界は自宅の玄関です。**一歩入ったら、プライベートモードへの完全切り替えをはかる。はじめのうちは切り替えが上手くいかないかもしれませんが、結界の意識をはっきりもってこれをつづけていると、自然にできるようになるはずです。

そして、**就寝前の三〇分は、自分が心地よいと感じられることをする。**いまあげた音楽を聴くことでもいいですし、ＤＶＤを観ることでも、本を読むことでもいいですね。心地よさに包まれているときの心は、穏やかで、安らかです。これがぐっすり眠るための最高の心の準備です。

また、**就寝三〇分前になったら、スマートフォンを手放すことも忘れないでください。**電源をオフにしてしまうのです。スマホの情報やＬＩＮＥなどが気にかかったら、安眠態勢は崩れます。

早起きして一日を始める

リモートでも生活のリズムを大切にする

心を平静に、また清廉に、柔軟に保つために必要なことをあげるとしたら、わたしは真っ先に「規則正しい生活」をあげたいと思います。人は元来、〝なまけもの〟にできています。ですから、自分に放縦《ほうじゅう》を許してしまうと歯止めが利かなくなるのです。

とくに仕事がリモートワークになっている人は気をつけましょう。リモートワークでは時間の管理が自分にまかされていますから、自分の裁量でどんな時間の使い方もできるわけです。

極端なことをいえば、昼近くまで寝ていて、仕事もそこそこに切り上げ、あとはゴロゴロしながら、飲食をしたり、夜遅くまでテレビを観たりして過ごす、といったこともできる。決まった時間に出勤して終業までオフィスにいる、という縛りがないだけに生活が乱れやすいのです。

生活が乱れれば、いい体調を維持することもできません。それは心にも影響をおよぼします。

「身心一如《しんじんいちにょ》」

この禅語は、身体と心は一体のもので、分けることができない、ということをいっています。体調が崩れれば、心も平静さを失ったり、いたずらに騒いだり、荒《すさ》んできたりするのです。

みずからに〝タガ〟をはめることも必要です。タガをはめるなどというと窮屈な気がするかもしれません。しかし、野放図にしていたら、すぐにもなまけ心が頭をもたげるのが人です。誤解を怖れずにいえば、**規則正しい生活をするには、少し窮屈なくらいで丁度いい**。わたしはそう考えています。もちろん、その生活が身についていけば、窮屈感はなくなります。

規則正しい生活をするための、もっとも重要なポイントは「朝」です。**朝早く一定の時間に起きる。それを実践、継続できるかどうかですべては決まる、といっても過言ではありません。**午前六時、六時半、遅くても七時には起きるようにしましょう。

早起きをすることで、朝の時間に余裕ができます。九時から仕事を始めるにしても、それまでの間にきちんと朝食がとれますし、ゆっくりお茶やコーヒーを楽しむ時間もあるでしょう。必要なら、新聞、テレビ、インターネットといったメディアから情報を得ることもできますね。

これは常々お話ししていることですが、**朝の時間帯に掃除を取り入れてはいかがでしょうか。**掃除といっても大がかりなものではなく、一〇分間だけ掃除をする時間をもつのです。

禅では、掃除をただその場所をきれいにするだけの作業とは考えません。心の塵や埃を払い、磨くものでもあると捉えるのです。一〇分間、キッチンの床の拭き掃除をする、シンクまわりを整え、磨く、（自宅の）仕事をするスペースに掃除機をかける、玄関を掃き清める……。

それはそのまま、心を清々しく、スッキリ整える時間です。仕事をスタートさせるために、これにまさる態勢づくりはありません。

食事時間、とくに昼食の時間を一定にすることもポイントです。仕事が一段落してから昼食をとろう、というふうに考えていると、その時間はマチマチになり、午後三時頃になってようやく昼食タイムといったことにもなります。

食事時間は規則正しい生活の〝節目〟ですから、そこに大幅な時間的なズレが生じると、生活全体のリズムが崩れてきます。決めた昼食時間になったら、いったん仕事の手をとめて食事をとる。それも、リモートワーク中の生活を規則正しいものにする必須要件だと思います。

通常の仕事スタイルとリモートワークのいちばんの違いは、後者は通勤時間がないということです。片道一時間とすれば、一日二時間の余剰時間が生まれるわけです。それをどう使うかで人生に大きな差が生まれるのではないでしょうか。

自分のスキルアップのために勉強する。いまの趣味を深める。あるいは、新たな趣味に挑んでみる。リタイア後の生活プランを練り、その準備にとりかかる……。

できることはいくらでもありそうです。何をするにしろ、毎日、真剣に取り組んだら、その時間は充実したものになります。人生は日々の積み重ねですから、その日、その日を充実して過ごすことが、充実した人生に直結するのです。

中国唐代の禅僧である趙州《じょうしゅう》従諗《じゅうしん》禅師に次の言葉があります。

「汝は一二時に使われ、老僧は一二時を使い得たり」

一二時とは一日二四時間のことです。その意味は、おまえさんは一日二四時間、時間に使われているが、老僧（趙州禅師）は時間を使い切っているのだ、ということです。時間に使われるとは、時間に追われることであり、また、無為に時間を過ごしてしまうことでもあると思います。

一方、時間を使い切るとは、主体的にその時間にかかわることでしょう。**リモートワークの人は、通勤にかかっていた余剰の二時間を、自分が決めたやるべきことに集中する。**それが主体的に時間にかかわることであるのは、いうまでもありませんね。

身体を動かしてストレスをとる

自然の〝大いなる力〟にエネルギーをもらう

ストレスをどう解消していくか。ストレスマネジメントという言葉もあるように、それはこの時代を生きているすべての人にとって、大きな課題になっています。

また、コロナ禍によって新たなストレスも生まれているように思います。たとえば、人となかなか会えなくなり、食事や酒席をともにすることができなくなったことも、ストレス源かもしれません。

気の置けない仲間と愉快に酒を酌み交わすことでストレスを発散していたという方は、少なくないのではないでしょうか。

あるいは、家族が一緒にいる時間が増えたことが、ストレスにつながっているケースもあるかもしれません。仕事がリモートになり、始終家族と顔を合わせているという、それまでとはまったく勝手が違う環境のなかで、どうふるまっていいかわからない、自分の立ち位置が見つからない、といったことは十分にありそうです。その戸惑いがストレスになってしまうこともあるでしょう。

こうしたストレスをとる方法としておすすめしたいのは、まず、身体を動かすことです。朝起きたら、外（庭やベランダ）に出て深呼吸をし、新鮮な空気を胸いっぱいに吸い込む。そして、ラジオ体操でも、自己流の軽い運動でもいいですから、それを一〇分〜二〇分くらいおこなうのです。

身体を動かすことで身心ともに目覚めますし、身体がほぐれると、ストレスで固くなった頭の〝コリ〟もほぐれます。わたしは起床後、各部屋の戸や寺の門を開け、歴代住職の墓に参ったりするなかで、かなり歩きますし、石段の昇り降りもします。

その一連の流れが格好の運動になっています。わたしにとってはこれが日課です。

みなさんも朝の運動を習慣にしてはいかがでしょう。

運動を散歩に代えてもいいですね。自宅近くの公園や緑がある場所を中心に二〇、三〇分歩く。自然と触れ合うことはとても大切です。自然は常に移ろいでいっていますから、触れ合いのなかで、いろいろな気づきがあったり、感動があったりするでしょう。

大きくふくらんでいたつぼみが花開いたことに気づく。色づいた葉がその黄色や紅を深めている様に出会う……。四季折々の移ろいを肌で感じたら、自然の営みのすばらしさ、みごとさに感動を覚えずにはいられないはずです。感動は、ストレスには極上の〝特効薬〟です。

古来、日本人は季節の移り変わりとともに生きていることに無上の喜びを見出し、感謝をしてきました。いまは季節感も希薄になってきていますが、朝の散歩という習慣をもったら、眠っていたそのＤＮＡが呼び覚まされるかもしれません。

道元禅師に次の一首があります。

「峯の色　渓《たに》の響きも　みなながら　吾が釈迦牟尼《しゃかむに》の　声と姿と」

峯の色も、渓の響きも、大自然を象徴するものでしょう。つまり、自然はどれもみな、ことごとく、お釈迦様の説法のお声であり、そのありがたいお姿なのだ、とこの和歌は詠っています。

自然と触れ合うこと、自然のなかに身を置くことは、お釈迦様の説法をうかがい、お姿を拝見することに等しい、というわけです。散歩で立ち寄る公園、通り過ぎる街路樹……。**五感を全開にしていたら、そうした小さな自然からだって、大いなるもののお声、お姿が感じとれるのではないでしょうか。**

「ああ、気持ちがいい朝だなぁ。なんだか心が洗われるような気がする」

そんな感覚になったときは、きっと、それを感じとっている瞬間なのかもしれませんよ。

椅子坐禅で静かな心を取り戻す

坐禅は心の処方箋。禅の智慧を生活に取り入れる

坐禅についてよくこんな質問を受けます。

「坐禅をしているときは無心なのですか？　無心というのは、いっさいの考えや思いが、心にない状態なのですか？」

たしかに、坐禅をしていると無心になります。しかし、無心というのは、心に考えや思いがない状態ではありません。すわっていても、さまざまな考えが浮かびますし、思いもよぎります。

しかし、それがとどまることがないのです。違う言い方をすれば、自然にまかせて

いるうちに、浮かんでは、消え、よぎっては、去る。そんな感じです。けっして、「考えてはいけない」「思ったりしてはいけない」と、考えや思いを心から追い出しているわけではありません。

心から追い出そうとすると、かえってとらわれることになります。そのことを説明するのに、よくたとえに出されるのが、湖の湖面と石の話です。静かな湖面に石を投げ込むと波紋が生まれます。これが心に考えが浮かんだ状態です。

その波紋を静めようとして、湖に手を入れたらどうなるでしょう。新たな波紋が生まれ、湖面はさらに波立つことになります。考えも同じで、「いけない」とそれを追い出そうとすると、なおさら心に広がることになるのです。

一方、波紋ができても、そのままかせておけば、ほどなく波紋は静まって、湖面はまた鏡のような状態に戻ります。心もしかり。**浮かんだまま、まかせておけば、考えも思いも、消えていくのです。**

これが無心ですが、無心になったときはどこまでも心が穏やかで、心地よさに包まれます。心が最高の状態にあるといってもいいでしょう。ですから、ふだん聞こえないような風のそよぎや鳥のさえずり、川のせせらぎなどのかすかな音も聞こえてくるのです。

聞こえるというのは正確ではないかもしれません。聞くともなく、心で感じられるといったほうが、実際の感覚に近いと思います。医学は専門外ですが、心がその状態にあるときは、ストレスをやわらげて心を安定させるといわれるセロトニン（脳内物質）や、リラックス効果があるとされるα波（脳波）が、とても活性化されているということです。

心の処方箋として、坐禅を超えるものはほかにない、とわたしは確信しています。一人でも多くの人に坐禅に取り組んでいただきたいというのが、禅僧としてのわたしの願いでもあります。

ただし、坐禅を始める際には、心していただきたいことがあります。禅僧の手ほどきを受ける、というのがそれです。坐禅を身につけるには、それがいちばんの早道なのです。見よう見まねの自己流では、正しい姿勢がとれているか、呼吸はきちんとできているかといったことが、判断できません。

そのことを前提として心にとめていただいたうえで、ここから比較的実践しやすい簡易な坐禅についてお話ししたいと思います。**「椅子坐禅」です。**

これは椅子にすわった状態でおこなうものです。椅子に浅く腰かけ、骨盤を立てて（下腹を前に出して）、背筋をまっすぐ伸ばします。少し反っくり返るような感じがするのが、正しい姿勢です。その姿勢がとれているかどうか、家族の誰かにさまざまな角度からチェックしてもらってください。

足は直角に曲げ、足の裏をしっかり床につけます。両太ももの間隔はこぶし二つ分くらい開けましょう。

手は通常、「法界定印《ほっかいじょういん》」というかたちに組んで（右手を下、左手を上にして重ね、両親指をつけます）太もものうえに自然に乗せます。視線は一・五メートルくらい先の床に落とし、目は半眼（つぶらずに半分開く感じです）にします。

呼吸は、まず、口から大きく吐きます。体内の〝邪気〟を吐き出すつもりで、吐き切りましょう。吐き切ったら空気は自然に入ってきます。これを数回おこなってください。

次は鼻呼吸に切り替えます。要領は同じ。丹田（おへその下約七・五センチの位置にある体内空間）を意識して、そこから息を吐き切るまで吐きます。入ってきた息も、やはり丹田に落とし込むことを意識しましょう。ポイントはできるだけゆっくり、長く、吐くこと。吸うときの倍くらいの時間をかけるのが目安です。

最初は五分程度からでいいと思います。禅では「呼吸と一つになる」という言い方をしますが、呼吸することだけに集中してください。五分おこなうだけでも、心が落ち着いてくるのが感じられると思います。

椅子坐禅はいつおこなってもかまいません。朝の習慣にしてもいいですし、仕事の合間にちょっとすわってもいい。気持ちが滅入るときや焦りを感じたときも、椅子坐禅をすると平静な気持ちが戻ってきます。夜寝る前の〝入眠儀式〟としてもうってつけです。


禅の智慧がつまったこの心の処方箋、存分に活かしてください。

第四章

お金が生きる使い方をする

お金のことを口にするのは、恥ずかしくありません。

お金が生きる使い方をし、対価はきちんといただきましょう。

請求が正当であることを説明し、理解してもらうことが大事です。

お金は「品」よく使うことが大事

人を幸福にする使い方をしよう

日本人は慎み深いからか、それとも誇り高いからか、あるいは〝粋〟に憧れるからか、お金のことを口にするのを嫌う傾向があるようです。しかし、いうまでもないことですが、お金は生きるために必要不可欠なものです。

お金に関して福沢諭吉はこんな言い方をしています。

「金銭は独立の基本なり、これを卑しむべからず」

諭吉翁のこの言葉を後ろ盾にいただいたつもりで、〝卑しむことなく〟、正面からお金の話をしてみたいと思います。

お金で問題になるのは、どう稼ぐか、ということと、どう使うか、ということでしょう。日本は法治国家ですから、違法な稼ぎ方も、使い方も、本来、許されるはずがありません。しかし、実情はといえば、まあ、これはいわずもがなというところですが、〝掟破り〟がひきもきらず。そうした事件がしばしばメディアに取り上げられているのは、ご存知のとおりです。

稼ぎ方については、指標となりそうな言葉があります。

「君子財を愛す、これを取るに道あり」

奇しくもこれは禅僧が残したものです。東嶺円慈《とうれいえんじ》禅師（江戸時代）がその人。意味は、立派な人は財産（お金）が好きなものである。しかし、その稼ぎ方には道があり、それを踏み外してはならない、ということでしょう。

道とは、もちろん、人の道であり、道理です。たとえ、そのお金の稼ぎ方が、ギリギリ法律には引っかからなくても、道理を逸脱するようなものであったら、それには絶対与《くみ》しない。最低限、このことは腹に据えておく必要があるでしょう。

お金でより難しいのは、使い方のほうだと思います。使い方次第でお金は薬にも、毒にもなるからです。世の中の役に立ったり、人びとのためになったりする使い方（薬）がある反面、世の中の破壊につながったり、人びとを悲しませたり、傷つけたりする使い方（毒）もあるわけです。

わかりやすい例をあげれば、慈善事業や難民救済、災害援助などに使われるお金は前者、（必要悪であるという側面はあるにしても）核兵器開発や、テロ活動に使われるお金は後者といえるでしょう。

個人レベルで考えると、**お金の使い方で大切なのは、品位、品格ではないか、とわたしは思っています。**もちろん、毒になる使い方、たとえば、他人がどうなろうとそんなことはおかまいなしで、自分だけが利益を得ようとしてひそかに渡す賄賂などは、品位のかけらもありませんし、品格に欠けることこのうえなし、です。

ギャンブルも趣味でやるのはいっこうにかまいませんが、借金までしてお金を注ぎ込むというのは、到底、品がいいとはいえませんね。ブランド物を買い漁って、カード破産をするといったケースも同様です。

自分の権力を誇示したり、富裕さをひけらかしたりするために使うというのも品なし、でしょう。たとえば、自分におべんちゃらをいってくれるイエスマンを集めて大盤振る舞いする、といった類《たぐい》のお金の使い方がそれです。

もっとも品を感じさせるのは、人を幸福にする使い方だと思います。

かつてヨーロッパには「パトロン」と呼ばれる篤志家がいました。彼らは、貧しい画学生などの生活全般の面倒をみて、作品制作に専念できる環境を提供していました。絵画史に名を残す何人もの画家が、そんな環境から輩出されたのです。

日本にも、苦学生を自宅に書生として置き、生活の一切合切から学費まで提供し、学業に打ち込めるようサポートをしていた政財界人がいたものです。苦学生がのちに国家を背負って立つ人材になったり、経済を牽引する人物になったといった例も少なくなかったはずです。

これが人を幸福にするお金の使い方の好例でしょう。品位、品格、申し分なしの使い方ではありませんか。生きたお金の使い方としてもいうことなしです。貧しき若者たちは、大成後も受けた恩義をけっして忘れることはなかったでしょう。何かにつけて、報恩につとめたことは想像に難くありません。

生きたお金の使い方をすれば、より大きなものが自分に戻ってくる。そんなサイクルがたしかにあるのだと思います。

ふつうの暮らしのなかにも、人を幸福にするお金の使い方はあります。かたちはさまざまでしょう。プレゼントをする、食事をご馳走する、資金を提供する、寄付をする……。

いずれにしても、その人がほんとうに喜んでくれ、感謝してくれたら、また、幸福感をもってくれたら、それは生きたお金の使い方ですし、品を感じさせる使い方でもある、と思うのです。

その人を幸福にしたのは、お金そのものというより、その人へのこちらの〝思い〟だともいえます。相手の胸にしっかり届いた思いが、その人に幸福感をもたらしたのです。相手に対する純粋な思い、ひたむきな思い、心からの思い……。それが伝わるお金の使い方を心がけたいものです。

欲を少なくして、足るを知る

人間の欲望は、満たされることはない

仏教では人を悩ませたり、迷わせたり、苦しませたりする根源的な煩悩として、三つの毒をあげています。「貪《とん》」「瞋《じん》」「癡《ち》」の三毒がそれです。「貪」はむさぼること、「瞋」は怒ること、「癡」は愚かなこと、です。

ここでは貪についてお話ししましょう。むさぼる心のもとは欲です。「もっと、もっと、ものが欲しい」「まだ、まだ、お金を手にしたい」といった物欲、金銭欲がむさぼる心をそそのかすのです。

やっかいなのは、欲は満足を知らないことです。どこまでいっても、「もっと、も

っと」「まだ、まだ」はつづきます。

お釈迦様は欲についてこんな言葉を残されています。

「人間の欲望というものは、たとえヒマラヤの山を黄金に変えたとしても、満たされることはない」

何か欲しいものを手に入れたら、満足感はあるでしょう。しかし、その満足感は長くはつづきません。すぐにも、また別のものが欲しくなる。お金だってそうでしょう。給料が五万円上がったら、そのときはうれしさもあり、満足するかもしれません。しかし、必ず、

「こんなものじゃ足りない。もう、五万円上がらないかな。いや、一〇万円は上げて欲しい」

という気持ちが衝き上げてくるのです。自分で歯止めをかけないかぎり、欲はふくれあがっていきます。欲に歯止めをかけるために、欲から離れるために、知っていただきたいのが、この禅語です。

「少欲知足《しょうよくちそく》」

意味は、文字どおり、**欲を少なくして、足ることを知りなさい**、ということです。

この禅語についてお釈迦様はこうおっしゃっています。

「知足の人は地上に臥《ふ》すと雖《いえど》も、安楽なりとす。不知足の者は、天堂に処すと雖も、亦《また》意に称《かな》わず。不知足の者は、富めりと雖も而《しか》も貧し」

その意味はこうです。

足ることを知っている人は、地面で寝るような暮らしをしていても、心は安らかである。足ることを知らない者は、天上の御殿のようなところに住んでいても、けっして心が満たされることがない。足ることを知らない者は、いくら裕福であっても、心は貧しい。

足ることを知るとは、「いまあるもの（お金）で十分だ。それだけでありがたい」という心でいること、その心をもって日々を暮らし、また、生きていくことである、といっていいでしょう。

いまをそのまま受けとめて、それ以上を求めず、いまに感謝する。そうであったら、心はずいぶん軽く、豊かになると思いませんか。いまを受けとめることができないか

ら、悩みが生まれるのです。より多くを求めるから、苦しくなってくる。いまに感謝できないから、心が貧しくなるのです。

「こんなお給料じゃ、欲しいものを何一つ買えやしない。うちの会社、ほんとうにケチなんだから、もう、嫌になっちゃう！」

日々、こんな思いを抱えていたら、心がガサガサして、幸せを感じることなどできるはずがありませんね。一方、

「毎月、きちんとお給料がもらえるのだから、ありがたいことだわ。やりくりを工夫するって、けっこう楽しい！」

こちらなら、気持ちはおおらか、心は豊か、幸せもしっかり感じることができるに違いありません。

自分が生きているのは、いまいるその場所（環境）以外にないのです。そこでどんなふうに生きるかは、自分しだい、自分の心の在り様しだいです。嘆いて生きるか、感謝して生きるか。さあ、決めるのはあなたです。

悪銭は身につかない

自分を幸せにしない指示や命令は、断る気概をもつ

　ビジネス界は熾烈な競争社会です。競合する他社と日々しのぎを削り、自社利益を追求するというのが、企業の根底を流れる論理でしょう。それがときに〝暴走〟につながります。

　贈収賄、文書改ざん、数値偽装……などの不正です。これまでの日本経済の歴史をたどれば、その種の〝汚点〟がいくらでも見つかる。つまり、不正は対岸の火事などではないということでしょう。ビジネスパーソンなら、いつ、不正にかかわる状況に置かれないともかぎらないのです。

企業はタテ社会ですから、上司の指示や命令には基本的にしたがうのが、いわば不文律になっています。直属の上司から不正に手を貸すようにいわれたら、誰もが対応に苦慮することになりそうです。

もちろん、不正と一口にいってもレベルがあります。業界内ではなかば、〝了解事項〟となっているようなものもあるでしょうし、摘発されたら確実に罪に問われるレベルのものもあるでしょう。

不正に手を染めることなどいっさいあってはならない、断固として正義を貫くべきだ、というつもりはありません。たしかに、それが正論ですが、正論をかざすだけでは通用しないのが、ビジネス界です。政界、官界も、また、そうなのだと思います。

要は、線引きが必要なのです。どこで線を引くかは、それぞれの立場や価値観、倫理観などによって違ってくると思いますが、いずれにしても、線引きをするうえで知っておくべきことはあるでしょう。

まず、摘発の対象になるような不正の場合、露見すれば、そこにも企業論理がはたらくということです。〝トカゲの尻尾切り〟です。

指示や命令を下した上層部は、下に責任を押しつけ、みずからは頬被りを決め込む。これまでのさまざまな不正事件をみれば、そうした決着になっているケースがほとんどだといっていいのではないでしょうか。「部下が、部下が」（「秘書が、秘書が」もそうですね）とは、責任逃れをはかる〝首謀者〟の常套句《じょうとうく》です。

かりに露見は免れたとしても、不正に手を染めたという事実がなくなることはありませんし、自分の記憶から消えることもないと思います。喉に引っかかった魚の小骨のように、いつまでも後ろめたさ、自責の思いは残るはずです。

また、不正に連座して、幾ばくかの特別報奨金の類《たぐい》を得たとしても、それを気持ちよく使えるでしょうか。たとえば、そのお金で家族と豪華な食事をする。旅行に出かける……。その場を心から楽しめるでしょうか。

悪銭身につかず、という諺がありますが、〝訳あり〟のお金は、やはり、心晴れやかには使えませんし、自分を幸福にもしてくれないのです。

「善因善果《ぜんいんぜんか》　悪因悪果《あくいんあっか》」

よいおこないをすれば、よい結果が得られるし、悪いおこないをしたら、悪い結果がもたらされる、という意味の禅語です。**不正をすることで運が開けることもありませんし、人生が充実することもないのです。**

自分が引いた線を超える指示や命令は「断る」気骨、気概をもちませんか。ここは、最悪、仕事を失ってもいい、と腹を括るべき〝時〟でしょう。また、これは指示、命令を下した相手との関係性によりますが、ある程度遠慮なくものがいえる間柄であったら、線を超えない範囲で、別の方策を提案するという手もありそうです。

気骨、気概を支えてくれるのは〝大切な人〟の存在です。配偶者、子ども、親、恋人……。そうした自分にとって大切な人、かけがえのない人のことを思い浮かべてみてください。

いつでも胸を張って、真正面から向き合いたいのが、そんな人たちでしょう。向き合える自分でいるために、なすべきことがあるはずです。**腹を括るべき〝時〟を誤らないでください。**

幸運を見つけようとする人が幸運になる

〝観察力〟をはたらかせてチャンスを見つけよう

コロナ禍で誰もがあらためて身にしみたのは、この世の中、いつ、何が起きるかわからない、ということではないでしょうか。旅行観光業は経済的に大きな打撃を受けましたが、コロナ以前は「インバウンド」によって、まさに好調の波に乗っていました。青天の霹靂《へきれき》。それが業界関係者に共通する思いでしょう。

しかし、社会や状況がどう変わろうと、そのなかで半歩でも一歩でも前に進まなければならない。それもまた現実です。

このコロナ禍のなかでも大きく前に踏み出した企業があります。

金属加工を専門とする町工場がそれ。新たに開発したのはチタン製のフックでした。電車やバスの吊革や手すりに引っかけ、直接、それらに触らないようにするというものですが、これが、接触による新型コロナウイルスの感染を怖れる人たちに大人気となったのです。

成功をもたらしたのは、世の中の状況に対する鋭い観察力です。不特定多数の人が触れるものに触れたくない。多くの人びとがそう思っている状況を的確に捉え、その状況下での新たなニーズを炙り出し、それまでに培ってきた技術を活かして、ニーズに応える商品の開発に着手した。どんな状況下でも、商売の芽は探せるというお手本だと思います。

同じような技術をもっている工場や企業は、ほかにも数多くあるはずです。そこから突出できた最大の理由は、観察力にすぐれていたからである、といっていいでしょう。

みなさんは、「セレンディピティ」という言葉をご存知でしょうか。日本語では「偶察力」などと訳されているようですが、意欲をもって何かを探していると、偶然に別のいいこと、いいものに出会ったり、予想していなかった発見をしたりする、ということです。

それまでとはまったく変わってしまった状況に置かれていても、何か前に踏み出す糸口はないかと探していく。探すには観察力をはたらかせるしかありません。そうしていると、思わぬいいこと（成功、幸運ｅｔｃ.）と出会うことができる。そのことをこの町工場のケースは示しているという気がするのです。

「不易流行《ふえきりゅうこう》」

これは、俳聖・松尾芭蕉が提唱した俳諧理念の一つです。不易はどんな時代でも変わらないもの、流行は時代（状況）に沿った新しいもの、のことです。

芭蕉は相反するように思われるこの二つを、上手くバランスさせながら取り入れていくことが、俳諧の発展には必要である、としたのです。

企業も、あるいは個人でも、この精神は必要でしょう。企業が発展していくため、個人が成長していくためには、その状況のなかに新しいものを探す、見つけにいくことが求められるのだと思います。

「現状が上手くいっているのだから、このままでいいじゃないか」

などと〝いま〟に胡座をかいていてはダメなのです。なぜなら、その現状は、いつ、どう変わるかわからないものだからです。そこに胡座をかいていたのでは、状況があっというまに変わったとき、対応できません。

一方、不易のほうはどうか。時代を問わず、守っていかなければいけないものとは、何でしょう。それは、企業の活動あるいは個人の行動が社会の役に立つか、人びとを幸せにするか、ということを常に問いつづけることだと思います。

新しさを求めて、古きを忘れず。この姿勢でがんばりましょう。

お金は手放すと、返ってくる

執着せず、喜捨の心をもつ

いったん手に入れたものを手放す。人はなかなかこれができません。誰にでも所有欲というものが断ちがたくあるからです。仏教的にいえば、所有欲は執着ということになるでしょう。

お金やものにかぎらず、地位や肩書き、権力、名誉……といったものにも人は執着します。**執着は煩悩であり、人を迷わせますから、仏教はそれを捨てなさい、そこから離れなさい、と教えます。**

そのことを象徴するのがこの言葉です。

「喜捨《きしゃ》」

お寺や神社でお賽銭を投げること、寄付をすることをいうのですが、注目すべきはその文字です。「喜んで捨てる」。なぜ、お金を捨てることが喜びなのでしょう。察しのついた方もいると思いますが、説明しましょう。

お金は人が執着する対象の最たるものです。それを捨てることは、一つ執着を手放すこと、執着から離れることになるわけです。まさに、仏教の教えにかなった行為です。また、執着は心についたくもりですから、それがなくなることは、心が清らかになることです。そう、**喜捨は仏教の教えを実践することであり、心を綺麗にしていくことなのです**。

一般的な寄付や募金も喜捨です。自分のその行為が、少しでも世の中がよくなる助けになる、困っている人を救うことにつながる。そう考えると、気持ちがほっこりしてきます。それもまた喜びですね。

米国の実業家であるクリント・W・マーチソンはこんな言い方をしています。

「金は肥料のようなものだ。ばらまけば役に立つが、一か所に積んでおくと、ひどい臭いがしてくる」

表現は少々荒っぽいですが、米国流の〝喜捨のススメ〟といったところでしょうか。

また仏教にはこんな言葉もあります。

「陰徳《いんとく》を積む」

陰徳とは、人知れず、ひそかにおこなう善行のことです。それを積み重ねていくことが、もっとも尊いとされるのです。喜捨もそうありたいもの。人に知らせるものではありませんし、知らせる必要もないのですから……。

お金に関してよく知られている諺に、

「金は天下の回りもの」

というのがあります。お金は世間を、人びとの間を循環するものであるから、いまは自分のところに回ってきていなくても、いつかは回ってくるものなのだ、ということですね。通常、貧しさを嘆くなという励ましの意味で使われる諺ですが、喜捨を心がけていると、そのお金がめぐりめぐって、何らかのかたちで自分のところに返ってくる、ということも十分考えられるのではないでしょうか。

たとえば、天変地異はいつ、どこで起きるかわかりません。自分が被災者になる可能性も少なからずあるわけです。折りに触れて被災者支援のための寄付をしているなかで、今度は自分が被災者となり、支援を受ける側に回ったといったケースがそれにあたるかもしれません。

もちろん、喜捨をしていたことと、支援が受けられることとの間に直接の因果関係はありません。しかし、自分に喜捨した経験があると、支援してくれる人たちの気持ちのあたたかさをきちんと汲みとることができるでしょうし、支援金（物資）にも心から感謝できるのではないでしょうか。当然、大切に使うことにもなる。それが素敵なことだと思うのです。

道元禅師にこんな言葉があります。

「放てば、手に満てり」

お金でも何でも握りしめていては、それ以上のものが入ってくることはありません。

手放すから、手のひらいっぱいに、すばらしいものが満ちてくるのです。

お金は感謝していただく

金額の〝正当性〟を説明して、理解してもらう

禅にはお金をいただく際の〝作法〟があります。いただくというのは、頭の「頂き」に乗せることですから、両手でお金（の包み）を目よりも高く、頭の上までもっていき、感謝の思いを込めるのです。法事の席などでは八寸という台に乗せて、その動作をおこない、感謝のお経を唱えます。

お金は大切なものですから、やはり感謝とともにいただくのが大人としてのわきまえである、と思います。給料を現金で受けとっていた時代には、給料日には給料袋を仏壇や神棚にいったん供え、手を合わせる（柏手を打つ）ということが、ふつうにお

こなわれていました。

現在は、企業勤めのビジネスパーソンの給料などは、金融機関の口座への振込が主流になっていますから、直接、現金で受けとることは、ほとんどないと思います。

感謝を忘れがちになっていないでしょうか。そこで、ちょっとした提案をしたいと思います。**給料の振込日に感謝を口にする**、というのがそれです。

給料日の朝に、たとえば、

「一か月、無事に仕事をすることができました。今日はお給料をいただける日です。ありがとうございます」

と心のなかで感謝をするのです。「アホらしい」と思う人がいるかもしれませんが、**給料日に感謝を口にすることで一か月ごとの〝区切り〟がつき、次の一か月間、また新たな気持ちで仕事に取り組むことができるのではないか、と思うのです。**

労働の対価としてのお金には「評価」がついて回ります。評価が高ければ対価も高くなり、低ければ低く抑えられる、というのが基本的な原則です。

ただし、企業に籍を置くビジネスパーソンには、労働組合による団体交渉はあっても、個人個人の〝給料交渉〟の場は与えられていないことが多いと思いますから、団体交渉をへた企業側の評価を受け容れるしかない、というのが実情でしょう。

評価をめぐって攻防が展開されるのは、社外の相手と仕事をするときですね。この場合の評価とは、仕事の対価ということです。そこで大きく影響するのは、発注側と受注側という立場の違いでしょう。いうまでもなく、発注側のほうが立場として強いわけです。

相手がその強い立場を背景に、こちらが考えているより低い評価、つまり、安い金額を提示してきた場合は、どう対応したらいいでしょうか。

「結局は先方の評価を受け容れるしかないんじゃないか。こちらの主張を通そうとしたら、別の業者に仕事が流れてしまうこともあるわけだから……」

たしかにそうかもしれません。しかし、こちらの評価の〝正当性〟については、きちんと説明すべきでしょう。

「この仕事は時間も人数もかけて、ていねいに仕上げるつもりです。それを考えると、ギリギリこのくらいの評価（金額）はいただきたいのです」

お金の交渉をするのはどこか恥ずかしい、はしたない、と思う人がいるかもしれませんが、そんなことはありません。いい仕事、ていねいな仕事であれば、それに見合った対価を求めるのは当然の権利です。

説明すれば、先方もそれを正当な対価として認めてくれることもあるでしょうし、こちらの思いどおりにならないまでも、おたがいが歩み寄って、ほどよい着地点を見出すこともできるのではないでしょうか。

そして、実際にいい仕事をすれば、先方がさらに歩み寄ることにもなる。

「今回はほんとうにいい仕事をしていただきました。次回からはもう少し予算をとれるように、わたしも社内でがんばります」

という具合です。受注側だからといって、一から一〇まで発注側のいいなりになってしまうと、足元を見られることにもなり、正当な評価は遠のくばかりとなります。

もちろん、**受けた仕事は精魂込めて取り組み、先方に納得してもらうという〝矜持《きょうじ》〟をもっていることが、正当性を説明するうえでの前提であることは、いうまでもありません。**

第五章

明るい未来を信じる

永遠につづく不幸はありません。
どんな逆境にあっても、そこから何かを学びとり、
自分の糧に変えていける人が、成功をつかむ人です。

自分の夢を言葉にする

未来へのモチベーションをあげよう

誰にでも「夢」はあると思います。小さい頃を思い返してみれば、小学校の卒業文集に「会社を興して社長になる」とか「野球選手になりたい」といった言葉を綴っていたかもしれませんね。

成長してからの夢は、当然のことですが、現実を見据えたものになるでしょう。そこで必要になってくるのが、二つの要素ではないでしょうか。

こんな言葉があります。

「着眼大局《ちゃくがんたいきょく》、着手小局《ちゃくしゅしょうきょく》」

ものごとは広く、大きな視点から俯瞰的に見ることが大切であり、それを実現させるには、足元の小さなことを確実におこなうことが重要である、という意味です。目標（夢）も、自分はどのような生き方をしたいのか、どんな方面の仕事をしていきたいのか、といった人生全体を見通した視点で描くことが大切でしょう。それを叶えるには、一歩一歩を疎かにせず、そこに向かって、歩みつづけるしかないのだと思います。

目標が定まったら、自分の心のなかでそれを強く、強く、思いつづけることが大切です。それと同時に、言葉に出して周囲に伝えるのも、一つの方法ではないでしょうか。

わたしの場合は、「禅の庭」をつくりたいというのが目標でした。それを実現するまでの道のりはけっしてラクなものではありませんでしたが、恩師について修行している間に、親しい人たちにはこんなことをいっていました。

「師匠から、一つでも多くのことを吸収しておきたいんだ」

「禅の庭」のデザイン、作庭をやりたい、という目標そのものを周囲に伝えたということではありませんが、「禅の庭」について必要なことを一つでも多く吸収したい、と〝公言〟したことは、よかったと思っています。

そうすることが**行動の原動力にもなったからです。**「吸収したい」といっておきながら、そのための具体的な行動をとらなければ、「なんだ、口先だけなのか。いうだけなら何でもいえるよ」と周囲から批判を浴びるのは確実。いわゆる大言壮語の輩のレッテルが貼られることになるわけです。何より自分が情けない。そこで、わたしはできるかぎり「禅の庭」づくりの現場に足を運び、そこでの師匠の動きを目に焼きつけ、語る言葉をメモしつづけました。

〝周囲に言葉にして伝えている〟という事実がモチベーションともなり、こうした行動の後押しをしてくれたことはたしかです。

言葉にして伝えることには、ほかにも利点がありそうです。たとえば、「起業する」という目標を語ったとします。それは周囲からのサポートにもつながるのではないでしょうか。

「いっしょに仕事をしていた人が、最近、独立したんだ。一度、会って話を聞いてみないか。いつでも紹介するよ」

「介護関係の仕事で起業するっていっていたよね。友人のおかあさんが、介護のベテランなんだ。いろいろ教えてもらったらいいんじゃないかな」

そんなふうに耳寄りな情報が寄せられるかもしれません。そこから起業のために役に立つ、新たな〝ご縁〟が結ばれる可能性も十分あると思うのです。

ただし、そんな幸運を引き寄せるためには条件があります。目標に向けての準備を着実におこなっている、ということです。

「彼（彼女）、起業するとかいっていたけど、そのための勉強をしている様子もないし、志も、意欲も、ぜんぜん感じられない。あれは、やる気なし、だね」

といったことでは、サポーターの出現は期待できません。**大言壮語の輩に堕さないためには、行動あるのみ、です。**

家族に「ありがとう」をいう

人が習慣をつくり、習慣が人をつくる

英語圏の国に旅行に行くと、もっとも頻繁に耳に飛び込んでくるのが、「Thank you」という言葉ではないでしょうか。現地の人はレストランで食事が運ばれてきたら、必ずこの言葉を口にしますし、タクシーを降りるとき、買い物をしたとき、劇場のチケットを買ったとき……などなど、「Thank you」はさまざまな場面で〝必需語〟となっています。

それに比べて日本人は「ありがとう」を口にすることが少ない、という気がするのです。いま例としてあげた場面で、「ありがとう」をいっている人は圧倒的に少数派

でしょう。

これには日本独特の文化がかかわっている、とわたしは思っています。「察する文化」がそれです。口に出さなくても、相手の胸の内、思いを察する。それができるのが日本人なのです。

「以心伝心《いしんでんしん》」

これも禅語ですが、心をもって、心に伝える、という意味です。日本人が得意とするのがまさにこれです。言葉のやりとりを超える一級のコミュニケーションが、そこにあるのです。

たとえば、来客を迎えるときなどに、玄関にその人が好きな花を一輪飾ったりする。しかし、迎える側が、

「あなたがいらっしゃるので、お好きな花を飾りましたよ」

などとはいわない。訪れた側は、その花に目をとめ、

「わたしが好きな花をわざわざ飾ってくださったのですね。お心配り、ありがとうございます」

と迎える側の思いを汲み取って、感謝はしても、それをあえて口にすることはしないのです。双方無言のうちに、一方は思いを伝え、他方はそれを感じとって、感謝を心のなかでするのです。

これはすばらしい文化であると思います。しかし、教育が欧米化するなかで、この文化はすたれつつあるようです。感謝すべきときには、「ありがとう」と口に出していわなければ伝わらないのが、悲しいかな現状なのではないでしょうか。

そうであるなら、**「ありがとう」を出し惜しみするのをやめませんか。**しかし、いい慣れていないと、なかなか出てこないのも事実。口に出すのが気恥ずかしかったり、照れくさかったりするわけです。

対処法は簡単です。慣れればいいのです。**手始めに家族間で「ありがとう」をいい合うようにしたらいかがでしょう。**食事をつくってくれたら「ありがとう」、お茶を淹れてもらったら「ありがとう」……。

自分のために何かをしてくれた家族には、必ず口に出して感謝を伝えるようにするのです。

「家族に〝ありがとう〟なんて滅多にいわないし、だいいち、いちばんいいにくいのが家族なんじゃない？」

そんな人がいるかもしれませんね。しかし、〝勇気を出して〟いうようにする。いっているうちに慣れてきて、自然に口から出るようになります。こんな言葉があるのをご存知ですか。

「はじめは人が習慣をつくり、それから習慣が人をつくる」

気恥ずかしくても、照れくさくても、「ありがとう」をいう習慣をつくったら（つけたら）、今度はその習慣が、「ありがとう」をいえる人をつくってくれる（人にしてくれる）のです。

「ありがとう」をいわれて、機嫌が悪くなる人も、腹を立てる人もいません。誰でも心地よくなる。そんな素敵な言葉を出し惜しみするなんて、もったいないと思いませんか。

家族間で「ありがとう」をいい合うようになったら、間違いなく、家庭の空気が変わります。心地よいもの、清々しいもの、和やかなもの、あったかいもの……に変わるのです。事実、少々すきまかぜが吹き始めた夫婦が、感謝を口に出すようになったことで、和やかで、あたたかな関係を取り戻した、といった話はよく耳にするところです。

愛語についてはすでにお話ししました（46ページ参照）が、**「ありがとう」は、もっともシンプルで、しかもパワフルな愛語です**。使い慣れたら、それを活用する場面はいくらでもあります。

ぜひ、この愛語使いの名手になってください。

陰口、悪口は運気を逃がす

自分が人にされて嫌なことは、他人にしない

自分の運を開き、成長していく妨げになるものといったら、陰口、悪口があげられるでしょう。誰かについて、陰口、悪口をいうのは、その相手を自分より下位に置きたいからではないでしょうか。

「彼にいつもいい仕事が回ってくるのは、やたらに要領がいいからだよ。彼なんか要領のよさだけで、実力なんかたいしたことないよ」

「彼女、おとなしくて折り目正しそうに見えるけれど、猫を被っているのよ。相当な〝演技派〟だわ」

そんな陰口、悪口の背後に見え隠れするのは、要領のよさなどは武器にせず、実力もある自分であり、猫を被ったりせず、演技に頼ることもない自分でしょう。どちらも、彼、彼女より上位にいる自分です。

しかし、周囲はそう見てくれるでしょうか。けっしてそうはならないでしょう。

「あの人、口を開けば人の陰口ばかり。人間的にかなり問題ありだわ」

たいていはこうなります。陰口、悪口は、聞いていていい気持ちはしませんし、それをいっている人に好印象をもつこともないのです。自分の〝思惑〟がどこにあるにせよ、まず〝思惑外れ〟に終わります。

陰口、悪口は結果的に自分を貶《おとし》めることにしかなりません。そのことは肝に銘じておく必要がありますね。

しかも、**周囲から人が離れていきます。**いつ自分にお鉢が回ってきて、陰口、悪口の標的にされないともかぎらないと思ったら、そんな人に近づく気にならなくて当然でしょう。

人とのご縁に見放されたら、運だって逃げていきます。この時代、仕事をするうえで、重要なカギを握っているのは情報です。もたらされた貴重な情報がその仕事を成功に導いてくれるといったことは日常茶飯事です。たとえば、

「ちょっと小耳に挟んだんだけれど、○○社でも同じような商品企画が進んでいるようだよ。こちらも進行を早めたほうがいいんじゃないか。先手必勝。○○社より先行できたら、ヒットは間違いなしだ」

といった情報が得られれば、仕事を進行する際の大きなアドバンテージになります。

しかし、それも周囲に好意的な〝情報源〟がいてくれての話です。人間的に問題ありの人に、そんな情報が入るわけもなく、結局、他社の後塵を拝することになるのは目に見えています。仕事運が逃げていくのです。

陰口、悪口を口にしないために心得ておくべきことは、『論語』にある次の文言に尽きるでしょう。


「己の欲せざるところは、人に施すなかれ」

自分がして欲しくないことは、人に対してすべきではない、ということです。

〝要領だけの人間〟〝猫っかぶりの演技派〟……。自分をそんなふうにいわれたいと

思う人はいませんね。つまり、して欲しくない。そうであったら、他人に対してそういうことはしない。

自分だったら、して欲しいか、して欲しくないか。これがフィルターです。人について語るときは、常にいったんこのフィルターを通す。それで、もう間違うことはありません。

ただし、例外もありそうです。いまはなかなか機会がないと思いますが、会社の同僚が集まった飲み会の席などで、上司を〝酒肴〟にしたりする。

「うちの課長、いつもあんな難しい顔をしているけれど、けっこうドジなところがあるんだよな」

「そうそう、この前も打ち合わせに出たあと、資料を忘れたことに気づいて、ダッシュで戻ってきたものね。まあ、あれも愛敬のうちってことね」

そんな他愛のない〝悪口〟なら、座を盛り上げるタネにしてもいいのではないかと思います。もちろん、その場でぼやいて、笑って、おしまい。翌日には持ち越さないのが原則ですよ。

損得ばかりを考えない

そのときどきで、やるべきことをやる

人の行動を促すものは何でしょう。これはいろいろありそうですが、「損得」もその一つかもしれません。

自分が得をすることはやる。損になることはやらない。きわめてわかりやすい行動規範といえるでしょう。仕事でいえば、儲かることであれば、自分がやりたいことでなくてもやるし、儲かりそうもないことは、たとえ、それがやるべきことだと思ってもやらない、という取り組み方ですね。

つまり、（儲かる、儲からないという）結果をはじめに想定して、やる、やらない、

という判断をするわけです。しかし、これには落とし穴があります。仕事は〝生きもの〟ですから、着手から決着までの間にさまざまに変化していきます。

想定どおりに動いていくとはかぎらない。むしろ、当初の想定どおりにはいかないことのほうが、多いのではないかと思います。

また、何としてでも想定した結果を得ようとすれば、無理を押し通す、道理に合わない手段をとる、といったことにもなりかねないでしょう。損得という行動規範は、そんな危うさを孕《はら》んでいます。

もう一つ押さえておかなければならないのは、**損得は〝流動的〟だということです。**

損が得に、得が損に、いつでも転じる。

「人間万事塞翁が馬《じんかんばんじさいおうがうま》」

これは、人生における幸福と不幸は予測できるものではない。幸福が不幸に、不幸が幸福に、いつ転じるかわからない、ということをいった諺ですが、損得についても、まったく同じことがいえるでしょう。

たとえば、利益を多く出そうとして、値段の安い請負業者と取り引きをしたとします。たしかに当面は得をするでしょう。しかし、もし、その業者に不備があって何か問題が起こったら、状況は一転して、今度は大きな損失を被ることになるわけです。

逆に利益は薄くても、進取の気風に富んだ請負業者と長年おつきあいをしていたら、その業者がアイディア商品を開発し、その販売を請け負って、大きな利益が出ることだってあるかもしれません。

これはあくまでもたとえばの例ですが、損も、得も、実にあやふやな不確実性のなかにある、ということはたしかです。

禅は結果についてこう教えています。

「結果《けっか》自然成《じねんになる》」

結果を最初から求めるべきではない。どんなことをするときも、それを一生懸命やることだけにつとめていれば、結果はあとから自然についてくるものである、という意味です。

それが、結果として、損になるか、得になるか、なんてことは放っておきませんか。そのときどきのやるべきことを、しっかり見きわめ、着実にこなしていくことしか、

できることはないのです。

そして、もたらされた結果は真摯に受けとめていく。大丈夫、一生懸命、着実にやっていれば、それがどんな結果であっても、受けとめることができます。

人生はその繰り返しでしょう。そうであるとしたら、仕事でも、プライベートでも、何かをするたびに、

「あ〜ぁ、損してしまった！」「よし、得したぞ！」

といちいち一喜一憂しながら送る人生、あるいは、もたらされた結果を淡々と受けとめていく人生。さあ、どちらを選びますか。

人生の晩年を輝かせる趣味を見つける

人生一〇〇年時代。老後には前もって準備が必要

人生で人はいくつか節目を迎えます。そのなかでも大きな節目といえるのが定年ではないでしょうか。数十年におよぶ仕事中心の生活が、定年を境にしてまったく違ったものになるわけですから、その変化に適応できない人がいても不思議はありません。

実際、「燃え尽き症候群」「濡れ落ち葉」といった表現があるように、定年後、すっかり気力をなくし、体力も衰えるにまかせてしまう、という人もいるようです。そのいちばんの原因は、〝やること〟がなくなったことにある、といっていいでしょう。

そこで、観るでもなく、なんとなくつけっぱなしのテレビに目をやり、ゴロゴロすることになる。これでは毎日がなすこともなく日が暮れる、ということにもなってしまいます。

しかし、**いまは「人生一〇〇年」の時代です。定年後の生活は三〇年以上もあるのです。**それほど長きにわたる時間を無為に過ごしてしまったのでは、人生のおもしろみも、楽しさも、醍醐味も、味わい損ねるのではありませんか。

禅的にいえば、「せっかくいただいた（お預かりしている）命に申し訳ない」ということになります。

定年を迎える前に、準備が必要だと思います。まず、興味をもてるものを見つける。熱中している趣味があれば、それがそのまま興味あるものでしょうし、なければ、何か見つけるのです。

若いうちであればいろいろなことにチャレンジして、そのなかから「これだ！」と思うものを見つけるのもいいですね。

そして、定年を意識する時期（遅くとも定年の五年前くらい）になったら、その趣味に本腰を入れるのです。

「根っからの蕎麦好きだから、自分で打てたら最高だな。蕎麦打ち教室に通うことにするか」

「前からパッチワークをやってみたいと思っていた。これから本格的にやってみようかな」

いいではありませんか。興味の対象は何でもいいのです。お茶（茶道）、陶芸、書道、絵画、写真、フラワーアレンジメント……。出費をともなうものもあると思いますが、それは定年後、自分が輝くための〝投資〟と考えましょう。

各地の蕎麦を食べ歩き、蕎麦打ち教室に通って、それなりの腕前になったら、定年後、こじんまりした蕎麦店を開くという道もありそうです。たとえば自宅を少し改造して、蕎麦をふるまうスペースにする。

住宅街のそんな店舗が地域の人たちが集う場となり、交流を深めていくなんていいと思いませんか。地域への貢献にもなりますし、収入も見込めるわけですから、すばらしい定年後プランです。

近くの顔見知りの人たちに声をかけて、パッチワーク教室を催すというのも「あり」でしょう。受講料は〝寸志〟程度にして、教室が終わったあとは、軽いお茶会で四方《よも》山話《やまばなし》に花を咲かせる。これも楽しい時間になりますね、きっと。

収入に結びつかなくても、〝やること〟があるということに意味があるのです。

「そろそろ紅葉も見頃だな。明日は鎌倉を散策して、写真を撮りまくるぞ！」

やることの予定があるだけで、心にわくわく感が広がります。それが大事。いきいきとして生きられますし、そう生きることで日々が輝くからです。

いざ定年を迎えてから、「さて、何をやるか」というのでは、やはり遅きに失するといえます。それまでの〝助走〟があるから、スムーズにおもしろみも、楽しさも、醍醐味もある新たな生活に入っていけるのです。

備えあれば、憂いなし、ですよ。

自分のいる場所で精いっぱい取り組む

ものごとはすべて「ご縁」でやってくる

この時代、仕事にストレスを感じている人は、少なくないのではないでしょうか。その原因の一つとしてあげられるのが、意に染まない仕事をしているというケースでしょう。

「よりによって自分にこの仕事が回ってくるなんて。ツイてないな、まったく！」

これはストレスになりそうです。しかも、「嫌だ」「やりたくない」と思えば思うほど、その思いは高じることになり、ストレスは大きなものになっていきます。

しかし、一つたしかなことがあります。指示された以上、いくら嫌だから、やりたくないからといっても、その仕事から逃れられない、というのがそれ。

「○○くん、そんなに嫌なの。そうか、そうか。だったら、もう、その仕事はしなくていいよ。きみには好きな仕事をしてもらおうね」

いうまでもありませんが、ビジネスの世界にそんなことはあり得ませんし、そんなわがままがまかり通ったら、そもそもビジネスは成り立ちません。

禅は「ご縁」をとても重いもの、大切なものと考えていますが、指示されたということは、自分がその仕事とご縁をいただいたことなのです。そして、いただいたご縁とは真っ正面から向き合っていく以外にないのです。

その意味でいえば、仕事に嫌も、やりたくない、もないのです。あるのは、ただ、ご縁だけです。ですから、やるべきことは、そのご縁に沿うこと、主体的にそれと取り組むことしかないのです。

嫌だ、やりたくない、という気持ちをもって仕事をしていたら、どうしても、「やらされている」という感覚になります。誰でも強制されることには抵抗があるでしょう。ですから、それがストレスにつながるのです。

仕事に主体的に取り組んでいない人は、よくこんな台詞を口にします。

「自分だって、やるときは、やるんだ」

では、そのやるときはいつくるのでしょう。いつまでたってもくるわけがないのです。みなさんの周囲に〝やるときはやる〟を公言している人がいたら、観察してみてください。これは断言してもいいですが、永遠にやらないままで終わります。

この台詞は、主体的に取り組んでいないことに対する言い訳、逃げ口上でしかないのです。しかも、自分にはそのことがわかっています。それもストレスを生む原因になっているのだと思います。

主体的に取り組まないかぎり、ストレスはいつまでだって、ついて回ります。こんな禅語があります。

「大地《だいち》黄金《おうごん》」

自分がいる場所で、主体的に、力いっぱい、ものごとに取り組んでいけば、その場所が黄金に輝いてくる、という意味です。自分を輝かせてくれる場所が、はじめからどこかにあるわけではないのです。どんな場所であっても、そこで自分のできるかぎりを尽くすことによって、その場所が輝き、さらに自分も輝いてくるのです。

仕事に引き寄せていえば、〝自分の力を発揮させてくれる仕事〟が用意されているわけではない、ということです。**ご縁をいただいた仕事のなかで、自分の力を思い切り発揮することによって、その仕事が自分にしかできないものになっていくのです。**

仕事にはスポットライトが当たる表舞台のものもあれば、陽が当たらない裏方の仕事もあります。そこで、

「裏方仕事では力の出しようがない、表舞台なら全力を出せるのになぁ」

と考えていたら、かりに表舞台に立っても力は出せませんし、ストレスを抱えることにもなります。裏方仕事も力いっぱい、表舞台でも力いっぱい。それしか、ストレスを蹴散らし、仕事を楽しむすべはありません。

後ろ向きの思考は〝前向きな言葉〟に変換する

人生は一度きり。悔いのないように行動しよう

戦国の世を制した徳川家康の遺訓とされるものに、次の言葉があります。

「人の一生は重荷を負うて遠き道を行くがごとし」

人生は〝山あり、谷あり〟といわれますし、順境と逆境の繰り返し、という言い方もされますが、この家康の言にしたがえば、どうやら谷や逆境のほうが、はるかに多いようです。

たしかに、それが生きている実感かもしれません。困難や難局、たいへんなこと、つらいことに何度もぶつかるのが人生です。

しかし、**そこでどうふるまうか、どう行動していくかで、人生の色合いは変わってきます**。

「とてもじゃないが、自分の手には負えない。もう、だめだ。どうにもならない」

難しい事態に直面したとき、こんなふうに思う人がいるかもしれません。思うということは、心に言葉を投げかけているということです。すると、どうなるでしょう。その後ろ向きの言葉に引っ張られて、気持ちがどんどん萎縮していくのです。

これでは、その難局を乗り切るエネルギーは湧いてきません。壁の前で立ち竦《すく》む、蹲《うずくま》ってしまう、という状態ですね。

一方、こんな人もいます。

「いやぁ、厳しいな。でも、何かできることはあるはずだ。とにかく、やれるだけのことはやってみよう」

こちらは前向きな言葉です。エネルギー充満。壁に挑む態勢ができます。結果はどうなるかわかりません。何度かは、いや、何度も、壁の途中から落ちることがあるかもしれません。

しかし、少しでも壁を這い上れば、見える景色が違ってきます。視界に新しい景色が広がるのです。それが、また新しいエネルギーを注入してくれます。そうして、挑みつづけていれば、いつか壁を乗り越えることができるのです。

心にはいつも前向きの言葉を投げかけませんか。言葉を前向きに〝変換〟させる習慣をもつのです。

「なんでこう運が悪いんだ」→「この先に幸運が待っているぞ、きっと」

「やってもだめなのはわかり切っている」→「やってみなきゃわからない」

「どうしてこんなことになってしまったのだろう」→「どうしたらこんなことから抜け出せるのだろう」

いかがですか。〝変換前〟と〝変換後〟では、気持ちの在り様がまるで違ってくると思うのです。言葉が気持ちを前向きにしてくれる。その前向きの気持ちは、行動を促してくれるはずです。

動けば何かが変わります。そう、新しい景色が見えるのです。先にある幸運に向かう道筋が見えたり、「だめ！」を「よし！」に切り替える工夫を思いついたり、その状況から抜け出すヒントに気づいたり……。

動いたからといって、すぐにすべてが解決されるとはかぎりません。しかし、そこで少々後悔の念が兆《きざ》したとしても、動かなかった後悔とは違います。**やったことによる悔いと、やらなかったことに対する悔い、そのどちらが大きいかは明らかです。**

卑近な例でいえば、たとえば、思いを寄せる人がいるとき、その人に思いを告げて、受け容れられなかったら、悔やむことになるかもしれません。しかし、思いを告げないままにしてしまった悔いは、それよりずっと深く、大きいのではありませんか。

人生は一度きりですし、時間を過去に戻して、やり直すことはできません。

「あのとき、やっておいたらよかった」

「なんであのとき、動かなかったのか」

あとになってそう思っても、文字どおり、〝あとの祭り〟なのです。前向きな言葉で気持ちを奮い立たせ、行動につなげていく。人生の折節で、とても大事になってくることだと思っています。

未来は考えてもわからない

不安は増殖するから、考えないで動こう

不安になることは誰にでもあるものです。**この不安というのは相当にやっかいなものです。いったん不安にとらわれると、雪だるま式にどんどんふくれあがるからです。**

コロナ禍はそれをいっそう加速しています。

「コロナの経済的な影響が大きくなり始めている。人員整理している企業も増えているし、もし、自分がその対象になったら……」

リストラに対する不安が頭をもたげると、ここでは終わりません。

「リストラされたら生活はどうするんだ。この家のローンだって残っているのに……。

家は手放さなきゃいけなくなるのか。子どもの教育だってまともにできなくなるだろう。それどころじゃないぞ。一家で路頭に迷うことにだってなりかねないじゃないか……」

さすがにここまではいかないかもしれませんが、不安が増幅していくことはたしかです。

不安について、禅には次のような公案があります。

「達磨安心《だるまあんじん》」

禅の始祖である達磨大師と二祖になる慧可《えか》（大師）との間でおこなわれたやりとりに由来するものです。

修行をしていても、不安から離れることができない慧可が、達磨大師に教えを乞います。以下がその問答です。

「心が安らかになりません。どうか、わたくしを安心させてください」（慧可）

「ならば、おまえのその安らかにならないという心を、ここにもっておいで。そうし

たら、安心させてやろう」（達磨大師）
「心を求めましたが、まったく得ることができませんでした」（慧可）
「ほら、おまえの心を安心させてやった」（達磨大師）
禅問答は〝難解〟です。ここで達磨大師がいいたかったのは、こんなことだったと思います。
おまえ（慧可）がいくら探しても、心を見つけることができなかったのは、心というものには実体がないからだ。実体がないものに不安が宿るわけもない。**不安はおまえが勝手につくり出していたに過ぎないのである。**心が見つからないこと、すなわち、心に実体がないことがわかるということは、不安にも実体がないことに気づくことである。それが、そのまま安心ということなのだ。
未来のことは、誰にもわかりません。**何が起こるかわからない未来を予測しても意味のないこと、仕方がないことでしょう。**つまり、次々と湧いてくる不安のどこにも実体などないわけです。

それなのに、不安にとらわれてしまうのは、考えるからです。不安にとらわれないでいるためには、動けばいいのです。リストラ候補になるかもしれない、などということは考えずに、いまやらなければならない仕事に熱中し、脇目もふらずしっかりやっていく。それが動くということです。**懸命に動いていれば、余計な考えが入り込む隙がなくなります。**

かりにリストラになっても、そこでまた動けばいい。再就職のためにハローワークに行く。ツテを頼って仕事を紹介してくれそうな人に会う。アルバイトでもいいからすぐ収入になる方法を探す……。動き方はいろいろあるでしょう。

じっくりかまえることができるのであれば、そのときの世の中の流れ、経済動向を分析して、今後成長しそうな業界、業種を検討する、というのも動くことです。コロナ禍を例にとれば、現状のなかで、あるいは終息後に成長が期待できそうな業界、業種は、それまでとは大きく違ったものになるはずです。

そこに参入するための準備を進める。そうした動きをしていたら、気持ちは前に、前に向かいますし、不安とつきあっているひまなどなくなりますね。

自分の〝納得感〟を大事にする

〝成果〟を積み重ねても、人生の幸福は得られない

あなたは仕事をするうえで、何をいちばん大事にしていますか。

そんな質問をされたら、さて、どう答えるでしょうか。

「それは成果じゃないのか。誰だって、少しでもいい成果を上げようとして、仕事をしているのだから……」

そんな答えが多いかもしれませんね。たしかに、「成果を上げよう」というモチベーションがあるから努力もできるわけですし、苦労を厭わないという気持ちにもなれるのでしょう。

しかし、それを最優先に考えるのはどうでしょうか。話は変わりますが、ここでわたしが手がけている「禅の庭」の話を少ししたいと思います。

「禅の庭」をデザイン、作庭するときに、わたしがいちばん大事にしているのは、納得感です。わたしは日々、禅僧として生きているわけですが、そのなかで志しているのは、少しでも心を成長させたい、わずかずつであっても、心を磨いていきたい、ということです。

心の在り様は変わっていきます。変化のなかで、そのときどきの在り様を映し出すのが「禅の庭」です。言葉を換えれば、「禅の庭」には、そのときの心（境地）が、そのままあらわれるのです。これは誤魔化しようがありません。

ですから、「禅の庭」づくりでわたしが考えるのは、いかにして、そのときの心を、あるがままに、あますところなく、その空間に表現するか、という一点です。**その際、いちばん邪魔になるのが、じつは〝成果〟への思いなのです。**

「観る人びとを感動させるにはどうしたらいいだろう」

「前に立ったら〝あっ〟と息を飲むような庭にしたい」

といったものが成果への思いです。これが心を縛ってしまうのです。技巧に走ったり、奇をてらうことになったりして、あるがままの心を庭に表現できなくなる。〝観られること〟〝評価されること〟を意識してしまう、といったらいいでしょうか。

これでは自分自身の納得感を得ることはできません。心をそのまま表現して、はじめて納得感につながるのです。**成果への思いを断ち切る、その思いから離れる。それが課題です。**

仕事も同じではないでしょうか。たとえば、セールスの仕事ではたくさんものを売ることが成果でしょう。その成果を上げるために、甘言にも類するセールストークを駆使した、少し無理筋なコネクションまで活用した……とします。

それがほんとうの納得感につながるでしょうか。

「商品のデメリットを聞かれたのに、それははぐらかして、メリットばかり並べ立てたな」

「たいしたコネではなかったあの顧客に、無理強いすることになったかもしれない」

どこかにそんな気持ちがあったら納得感は得られないと思うのですが、いかがでしょう。

一方、顧客に対して誠心誠意で向き合い、時間をかけて相手の話を聞き、相手が知りたいことにも率直に答えたということだったらどうでしょう。これなら、自分として納得できると思うのです。成果への思いから離れて、自分の精いっぱいをそこに尽くしているからです。

成果という〝数字〟は積み上がっていっても、納得感を得られない仕事のやり方（生き方といってもいいと思います）があります。そして、一方には、いたずらに成果に縛られることなく、納得感を一つずつ積み重ねていく生き方があります。

どちらに清々しさがあるか、どちらが幸福感に満ちているか。答えははっきりしていると思います。

周囲の意見に耳を傾け、学ぼう

竹のようにしなやかな信念をもつ

ものごとをやり抜く、やり遂げるうえで、なくてはならないのが「信念」でしょう。

何ごとも決着を見るまでには、さまざま紆余《うよ》曲折《きょくせつ》があるものです。躓《つまず》くこともあるでしょうし、方向を見失うことがあるかもしれない。

そんなとき、支えになるのは信念です。

「自分がやっていることは間違いない」

「これが自分のなすべきことなのだ」

そんなたしかな思いが躓きから立ち直らせ、自らを正しい方向に連れ戻してくれるのです。

「自分はこうと決めたら、どんなことがあってもそれを曲げない」

そんな人は、揺るがぬ信念の持ち主のようにも見えます。しかし、わたしは少し違うと思っています。何がなんでも曲げない、どんなことも譲らない、というのは信念ではないでしょう。

それは、独りよがり。もっといえば、頑迷固陋《がんめいころう》に陥っている、といったほうがあたっているかもしれません。信念は、そのような硬直化したものではないはずです。

信念は柔軟さとセットである。わたしはそう考えています。信念は一朝一夕に確立できるものではありません。いろいろな人の話を聞くなかで、

「なるほど、そういう考え方、捉え方もあるのか。これで一つ、自分のものの見方に幅ができたな」

というふうに、周囲からいい刺激を受けたり、目を開かれたりしながら、少しずつ固めていくものだと思うのです。経験や本などから得た知識、知恵といったものも、信念を固めてくれる材料でしょう。

ですから、聞く耳、学ぶ心がなくては、信念などもてるはずがないのです。また、信念が固まってからも、その信念をさらに強固なものにしていくためには、周囲の話に耳を傾け、広く学ぶという姿勢が必要です。

たとえていえば、信念はしなやかな竹のようなものである、といえるかもしれません。しなやかな竹は、風が吹けばその方向に撓《たわ》みます。しかし、その状態のままでいることはありません。風がやめば、またもとの状態に戻ります。

周囲の話を聞いたり、知識や知恵に触れるというのは、竹が撓んだ状態です。信念をもっていなかったり、それが脆弱《ぜいじゃく》だったりすると、撓んだ状態からもとに戻る復元力がなく、撓んだままになってしまいます。

「へぇ～、これはそういうふうに考えるべきなのか。これから自分もそういう考え方をしなきゃいけないな」

「この本、いいこと書いてあったなぁ。そうか、人間はそういう生き方をするのがいいんだな」

これは素直のようにも思えますが、じつは撓んだままの状態です。人の意見にまるごと影響を受けたり、知識や知恵を鵜呑みにしたりしているだけだからです。こんな人は、別の意見や知識、知恵に出会えば、今度はその方向に撓んでしまうのです。

これでは、周囲の人の意見、さまざまな知識、知恵に流されているだけ、振り回されているだけですから、いつまでたっても自分というものが確立できません。

復元力のあるしなやかな竹のような信念は、周囲に耳を傾けたり、広く学ぶことはしますが、そこから自分にとって必要なものだけを選択して取り入れ、もとのあるべきところに戻るのです。

戻ったとき、信念は新たな意見や、知識、知恵によって、厚みを増していることはいうまでもありません。竹の幹が太くなっているわけです。

「不退転《ふたいてん》」

悟ったら、その心の境地から後ろに下がらない。断固、自分を信じて屈しないということをいった禅語です。

人生には「ここ一番」という状況が、必ず訪れます。その正念場で不退転を貫く拠

り所になるのが信念です。
もっと〝しなやか〟に、もっと〝太く〟していきましょう。

[略歴]

枡野俊明（ますのしゅんみょう）

曹洞宗徳雄山建功寺住職、庭園デザイナー、多摩美術大学環境デザイン学科教授。

大学卒業後、曹洞宗大本山總持寺で修行。「禅の庭」の創作活動によって、国内外から高い評価を得る。芸術選奨文部大臣新人賞を庭園デザイナーとして初受賞。ドイツ連邦共和国功労勲章功労十字小綬章を受章。2006年『ニューズウィーク』日本版にて、「世界が尊敬する日本人100人」に選出される。庭園デザイナーとしての主な作品に、カナダ大使館、セルリアンタワー東急ホテル庭園など。

著書に『禅が教えてくれる 美しい人をつくる「所作」の基本』（幻冬舎）、『心配事の9割は起こらない』（三笠書房）、『寂しさや不安を癒す 人生のくすり箱』（KADOKAWA／中経出版）、『生きるのがラクになる椅子坐禅』（小学館）、『50代を上手に生きる禅の知恵』（PHP研究所）などがある。

大地黄金《だいちおうごん》の開運術
～人生を好転させる禅の教え～

2021年1月1日　　第1刷発行

著　者　枡野俊明
発行者　唐津 隆
発行所　株式会社ビジネス社
〒162-0805　東京都新宿区矢来町114番地 神楽坂高橋ビル5F
電話　03(5227)1602　FAX　03(5227)1603
http://www.business-sha.co.jp

〈装幀・本文デザイン〉長坂勇司
〈本文組版〉茂呂田剛（エムアンドケイ）
〈印刷・製本〉中央精版印刷株式会社
〈営業担当〉山口健志　〈編集担当〉山浦秀紀

ISBN978-4-8284-2246-6

ISBN978-4-8284-2242-8